espresso
Wissen –
kurz und stark

espresso

In einer sich rasch verändernden Welt müssen sich Hochschulen, Dozierende und Studierende kontinuierlich einem neuen Wissensstand widmen und mit neuen Themen auseinandersetzen. Mit unserer neuen fachübergreifenden Reihe *espresso* präsentieren wir Ihnen die Möglichkeit, sich fundiert und kompakt über grundständige Lehrinhalte zu informieren. Ein besonderes Augenmerk legt die Reihe auf den didaktischen Anspruch, der Möglichkeit per eLearning-Kurs den eigenen Wissensstand vor und nach der Bandlektüre zu überprüfen sowie der Chance, gezielt empfohlene Medien zu nutzen.

Expert:innen vermitteln auf prägnante Weise das Wesentliche zu den Lehrthemen. So gezielt die Themen in den Bänden bearbeitet werden, so breit ist auch das Fachspektrum, das die Reihe abdeckt: von den Wirtschaftswissenschaften über die Geisteswissenschaften und die Naturwissenschaften bis hin zur Sozialwissenschaft – Leser:innen aller Fachbereiche können in dieser Reihe fündig werden.

Dr. Thieß Petersen ist Dozent an der Europa-Universität Viadrina Frankfurt (Oder).

Thieß Petersen

Mikro- und Makroökonomie

Kurzlehrbuch mit eLearning-Kurs

Umschlagmotiv: © JohnnyGreig · iStockphoto
Autorenbild: © privat

Bibliografische Information der Deutschen Nationalbibliothek
Die Deutsche Nationalbibliothek verzeichnet diese Publikation in der Deutschen Nationalbibliografie; detaillierte bibliografische Daten sind im Internet über http://dnb.dnb.de abrufbar.

DOI: https://doi.org/10.24053/9783381113927

– ein Unternehmen der Narr Francke Attempto Verlag GmbH + Co. KG
Dischingerweg 5 · D-72070 Tübingen

Internet: www.narr.de
eMail: info@narr.de

CPI books GmbH, Leck

ISSN 2942-6588
ISBN 978-3-381-11391-0 (Print)
ISBN 978-3-381-11392-7 (ePDF)
ISBN 978-3-381-11393-4 (ePub)

Inhalt

Abkürzungen und Symbole

A	Produktionsfaktor Arbeit
A^d	Arbeitsangebot mit d für *demand*
A^s	Arbeitsangebot mit s für *supply*
B	Basiskonsum
BIP	Bruttoinlandsprodukt
BNE	Bruttonationaleinkommen
C	private Konsumnachfrage mit C für *consumption*
c	marginale Konsumneigung
e	Wechselkurs mit e für *exchange rate*
EX	Exporte
G	Staatsausgaben mit G für *government*
GK	Grenzkosten
GN	Grenznutzen
I	gesamtwirtschaftliche Investitionen
IK	Indifferenzkurve
IM	Importe
i	Zinssatz mit i für *interest rate*
K	Produktionsfaktor Kapital
K^{EX}	Kapitalexport
K^{IM}	Kapitalimport
KW	Kurswert eines festverzinsten Wertpapiers
L	gesamtwirtschaftliche Geldnachfrage mit L für *liquidity*
L_S	Geldnachfrage aus Spekulationsgründen (Spekulationskasse)
L_T	Geldnachfrage aus Transaktionsgründen (Transaktionskasse)
M	gesamtwirtschaftliches Geldangebot mit M für *money*

P	gesamtwirtschaftliches Preisniveau
p	Preis für ein einzelnes Produkt
S	gesamtwirtschaftliche Ersparnisbildung
s	marginale Sparquote
U	Nutzen mit U für *utility*
w	Lohn mit w für *wage*
x	Menge eines einzelnen Guts
x^d	nachgefragte Gütermenge mit d für *demand*
x^s	angebotene Gütermenge mit s für *supply*
Y	Volkseinkommen = Inlandsprodukt
Y^d	gesamtwirtschaftliche Güternachfrage mit d für *demand*
Y^s	gesamtwirtschaftliches Güterangebot mit s für *supply*
ZE	Zinseinnahmen bzw. Zinseinkünfte
$\$^d$	Devisennachfrage mit d für *demand*
$\$^s$	Devisennachfrage mit s für *supply*

Aufbau des Buches

***espresso*-Wissenscheck** | Der Link bzw. QR-Code führt zu einem eLearning-Kurs. Im Rahmen dessen kann das Gelernte auf die Probe gestellt werden.

Zu diesem Buch gibt es einen ergänzenden eLearning-Kurs aus 90 Fragen.
Mithilfe des Kurses können Sie online überprüfen, inwieweit Sie die Themen des Buches verinnerlicht haben. Gleichzeitig festigt die Wiederholung in Quiz-Form den Lernstoff.
Der eLearning-Kurs kann Ihnen dabei helfen, sich gezielt auf Prüfungssituationen vorzubereiten.
Der eLearning-Kurs ist eng mit vorliegendem Buch verknüpft. Sie finden im Folgenden zu den wichtigen Kapiteln QR-Codes, die Sie direkt zum dazugehörigen Fragenkomplex bringen. Andersherum erhalten Sie innerhalb des eLearning-Kurses am Ende eines Fragendurchlaufs neben der Auswertung der Lernstandskontrolle auch konkrete Hinweise, wo Sie das Thema bei Bedarf genauer nachlesen bzw. vertiefen können. Diese enge Verzahnung von Buch und eLearning-Kurs soll Ihnen dabei helfen, unkompliziert zwischen den Medien zu wechseln, und unterstützt so einen gezielten Lernfortschritt.

***espresso*-Warm-up** | Dieser Text führt in das Kapitelthema ein und erklärt grundsätzliche Zusammenhänge. Dies schafft ein tieferes Verständnis der folgenden Kapitel.

***espresso*-Keywords** | Diese Liste von Worten verschafft einen Überblick über die relevanten Schlagwörter des Kapitels. Diese Begriffe sollten nach dem Lesen verstanden sein.

***espresso*-Verständnis** | Diese Inhalte verschaffen schnell und einfach ein Aha-Erlebnis. Sie helfen dabei, das Wissen zu verinnerlichen.

***espresso*-Wissen** | Hierbei handelt es sich um Inhalte, ohne die ein Verständnis des Themas nicht möglich ist. Kurzum: Sie sind essenziell.

1 Was Sie vorher wissen sollten

***espresso*-Keywords** | Mikroökonomie, Marktgleichgewicht, Marktversagen, Makroökonomie, Gütermarkt, Geldmarkt, geschlossene Volkswirtschaft, Fixpreismodell

Die Volkswirtschaftslehre beschäftigt sich im Kern mit der Frage, wie Gesellschaften damit umgehen, dass Menschen über unbegrenzte Bedürfnisse verfügen, für deren Befriedigung es jedoch nur eine begrenzte Menge von Gütern gibt. Die Tatsache, dass die Mittel zur Befriedigung menschlicher Bedürfnisse – also Güter – knapp sind, macht es erforderlich, mit der Knappheit so umzugehen, dass das Spannungsverhältnis zwischen unbegrenzten Bedürfnissen und begrenzten Mitteln zu deren Befriedigung so weit wie möglich reduziert wird. Die Erreichung dieses Ziels stellt eine Gesellschaft vor zahlreiche Fragen: Welche Produkte sollen hergestellt werden? Wer stellt diese Produkte wie her? Und für wen werden sie hergestellt, d. h. wie werden die knappen Güter unter den Mitgliedern der Gesellschaft verteilt?

Die Beantwortung dieser Fragen kann entweder zentral über Pläne und Zuweisungen (zentrale Planwirtschaft) erfolgen oder dezentral über Märkte und Preise (Marktwirtschaft). Sowohl theoretische Überlegungen als auch praktische Erfahrungen sprechen dafür, dass Märkte und Preise diese Fragen besser beantworten können als zentrale Pläne.

Die Analyse des wirtschaftlichen Verhaltens auf Märkten kann aus zwei grundsätzlichen Perspektiven erfolgen: aus Sicht der einzelnen Wirtschaftsakteure – also aus der Froschperspektive – oder aus Sicht der gesamten Volkswirtschaft und somit der Vogelperspektive.

Die **Mikroökonomie** entspricht dem Blick auf die Gesamtwirtschaft aus der Froschperspektive. Ausgangspunkt sind private Haushalte und Unternehmen. Die privaten Haushalte bieten ihre Arbeitskraft an und erzielen dadurch ein Einkommen, das sie für den Kauf von Konsumgütern verwenden. Sie sind somit für die Nachfrage nach Gütern verantwortlich. Die Unternehmen stellen mit Hilfe von Arbeitskräften, Maschinen und anderen Produktionsfaktoren Güter her und verkaufen diese. Sie sind daher für das Güterangebot einer Volkswirtschaft zuständig.

Werden die Nachfrageentscheidungen aller privaten Haushalte und das Angebot aller Unternehmen für ein bestimmtes Produkt – z. B. einem Pkw einer ganz bestimmten Marke – zusammengefasst, ergeben sich daraus die Marktnachfrage und das Marktangebot. Auf dem Markt für diese Pkw-Marke kommt es zu einem Marktgleichgewicht, wenn sich ein Preis einpendelt, bei dem die nachgefragte Menge aller privaten Haushalte exakt der angebotenen Menge aller Unternehmen entspricht. Das Erreichen dieses **Marktgleichgewichts** ist ein zentrales Anliegen der Mikroökonomie. Ist es realisiert, lässt sich analysieren, wie sich dieses Gleichgewicht verändert, wenn sich zentrale Determinanten – also z. B. das verfügbare Einkommen der privaten Haushalte oder die Produktionskosten der Unternehmen – verändern.

Im Idealfall entspricht das Marktgleichgewicht, das aus den zahlreichen Einzelentscheidungen von Haushalten und Unternehmen resultiert, auch dem aus gesamtwirtschaftlicher Sicht optimalen Ergebnis. Allerdings geschieht dies nur, wenn der betroffene Markt zahlreiche anspruchsvolle Voraussetzungen erfüllt. Wenn dies nicht der Fall ist, kommt es zu einem **Marktversagen**. Das verlangt ein staatliches Eingreifen.

Auch die **Makroökonomie** analysiert das Marktgeschehen, allerdings aus der Vogelperspektive. Es geht nicht mehr um Märkte für einzelne Produkte, sondern nur noch um wenige Märkte. So gibt es beispielsweise nur noch einen einzigen **Gütermarkt**, auf dem ein Universalgut gehandelt wird, das sowohl für Konsumzwecke als auch für Investitionswecke, also für die Erweiterung der gesamtwirtschaftlichen Produktionskapazitäten, genutzt werden kann. Folglich gibt es auch keine Preise für einzelne Güter, sondern nur noch ein gesamtwirtschaftliches Preisniveau. Im makroökonomischen Basismodell ist das gesamtwirtschaftliche Preisniveau aus Gründen einer Vereinfachung der Analyse konstant und damit unveränderlich. Erst in weiterführenden Analysen wird die Annahme des Fixpreismodells aufgehoben und durch ein flexibles gesamtwirtschaftliches Preisniveau ersetzt.

Ein zweiter wichtiger makroökonomischer Markt ist der **Geldmarkt**. Zwar gibt es in der Realität keinen Mark für Geld. Für analytische Zwecke wird dieser Markt dennoch benötigt, um Aussagen über die Zinshöhe einer Volkswirtschaft zu treffen.

Ein weiteres zentrales Element der Makroökonomie ist der Umstand, dass die verschiedenen Märkte nicht isoliert betrachtet werden. Vielmehr geht es um Wechselbeziehungen zwischen den Märkten. Wenn es z. B. auf dem Geldmarkt zu einem Zinsrückgang kommt, hat das Auswirkungen auf den

Gütermarkt: Sinkende Zinsen machen es für die Unternehmen attraktiver, Investitionen durchzuführen, die ihre Produktionskapazitäten erhöhen. Damit steigt die Nachfrage nach Investitionsgütern (also Maschinen, Werkzeugen etc.) – und das erhöht die gesamtwirtschaftliche Güternachfrage.

Das grundlegende makroökonomische Basismodell, das im zweiten Teil dieses Buchs beschrieben wird, ist ein sehr einfaches Modell. Es behandelt eine Volkswirtschaft ohne außenwirtschaftliche Beziehungen (**geschlossene Volkswirtschaft**) mit einem fixierten Preisniveau (**Fixpreismodell**), das lediglich den Güter- und den Geldmarkt beinhaltet.

Weiterführende makroökonomische Modelle analysieren offene Volkwirtschaften und damit auch den Devisenmarkt, der notwendig wird, wenn Länder mit jeweils eigenen Währungen Handel treiben. Eine andere Modellerweiterung besteht aus der Einführung eines flexiblen gesamtwirtschaftlichen Preisniveaus. In diesem Flexpreismodell gibt es auch einen Arbeitsmarkt, der das gesamtwirtschaftliche Beschäftigungsniveau und den dazu gehörenden Gleichgewichtslohn determiniert. Diese und andere Erweiterungen sprengen jedoch den Rahmen eines einführenden kurzen Textes.

Der vorliegende Text ist als eine erste Einführung in die Mikro- und Makroökonomie konzipiert. Er bietet einen rudimentären Überblick über zentrale mikro- und makroökonomische Konzepte und Begriffe. Auf mathematische Aspekte, also z. B. die Ableitung einer Nutzenfunktion zur Bestimmung des Grenznutzens eines Konsumguts, wird weitestgehend verzichtet. Es handelt sich somit um einen Einstiegstext, der die Lektüre vertiefender Lehrbücher nicht ersetzen kann.

2 Grundlagen der Mikroökonomie

espresso-Warm-up

In der Mikroökonomie geht es vor allem darum, ob die Entscheidungen von Wirtschaftsakteuren – das sind in erster Linie die privaten Haushalte bzw. Konsumenten und die Unternehmen – einer vorhersehbaren Systematik folgen. Es geht also z. B. um die Frage, wie Konsumenten ihr Nachfrageverhalten ändern, wenn der Preis eines Konsumguts steigt oder ihr verfügbares Einkommen sinkt. Analog stellt sich beim Blick auf die Unternehmen die Frage, wie sie mit ihrem Güterangebot reagieren, wenn der Preis des Produkts, das sie anbieten, sinkt oder wenn die zu zahlenden Löhne steigen. Lassen sich diese und ähnliche Reaktionen vorhersagen, weil sie einem bestimmten Entscheidungskalkül folgen, oder handelt es sich um zufällige und damit nicht prognostizierbare Handlungen? Eine zentrale Aufgabe der mikroökonomischen Analyse ist die Identifizierung dieser Verhaltensmuster sowie die Suche nach Erklärungen für eventuelle Abweichungen von ihnen. In den ersten beiden Abschnitten geht es daher um die Erklärung des Nachfrageverhaltens der privaten Haushalte und das Angebotsverhalten der Unternehmen.

Sind diese Verhaltensweisen bekannt, gilt es zu klären, wie die Nachfrage- und Angebotsentscheidungen von Millionen von Wirtschaftsakteuren durch den Markt so koordiniert werden, dass die Unternehmen tatsächlich die Konsumgütermengen anbieten, die von den Verbrauchern gewünscht werden. Ein Ausgleich der angebotenen und nachgefragten Gütermengen scheint auf den ersten Blick höchst unwahrscheinlich zu sein. Tatsächlich aber führt der Markt – unter einer Reihe von Bedingungen – dazu, dass Preisänderungen das Angebots- und Nachfrageverhalten steuern und am Ende die angebotene Gütermenge aller Unternehmen mit der nachgefragten Menge aller Konsumenten übereinstimmt. Wie das geschieht und welche Auswirkungen das auf die gesamtgesellschaftliche Wohlfahrt hat, ist Thema des dritten und vierten Abschnitts.

Leider entspricht die wirtschaftliche Realität häufig nicht den idealtypischen Annahmen eines Markts unter vollständiger Konkurrenz. Die Folge: Marktprozesse führen zu einem Resultat, bei dem die Gesellschaft nicht ihre

Wohlfahrt maximiert. Es kommt zu einem Marktversagen, das ein Eingreifen des Staates erfordert. Der fünfte Abschnitt erläutert diese Problematik samt möglicher staatlicher Handlungsoptionen am Beispiel von zwei der wichtigsten Formen des Marktversagens: externe Effekte und öffentliche Güter.

2.1 Haushaltstheorie und die Güternachfrage

***espresso*-Wissenscheck** | https://narr.kwaest.io/s/1249

***espresso*-Keywords** | Gut, Präferenzen, Nutzen (kardinaler und ordinaler), Nutzenfunktion, Indifferenzkurve, Grenznutzen (positiv und abnehmend), Einkommen, Güterpreis, Budgetrestriktion, optimaler Konsumplan, Nachfrage (normal und anormal), Substitut, komplementäres Gut, superiores Gut, inferiores Gut, Nachfragegerade, Gesamtnachfragegerade

Die Haushaltstheorie beschäftigt sich mit dem Verhalten der Mitglieder von privaten Haushalten. Dabei geht es vor allem um das Konsumverhalten. Des Weiteren setzt sich die Haushaltstheorie aber z. B. auch mit der Frage auseinander, nach welchen Kriterien Menschen ihre Arbeitskraft auf dem Arbeitsmarkt anbieten und ob zur intertemporalen Nutzenmaximierung Ersparnisse gebildet werden oder ein Kredit aufgenommen wird.

Ein Haushalt hat das Ziel, seinen Nutzen unter gegebenen Restriktionen zu maximieren. Der **Nutzen** hängt dabei von zahlreichen Einflussgrößen ab. An erster Stelle stehen die Mengen der Güter, die konsumiert werden können. Daneben gibt es weitere Aspekte, die das Wohlbefinden eines Menschen beeinflussen. Um nur einige zu nennen: die Umweltqualität, die zur Verfügung stehende Freizeit, die Arbeitsbedingungen, soziale Aspekte, wie z. B. die Billigung oder Missbilligung des eigenen Verhaltens durch andere und vieles mehr.

Da es in der Volkswirtschaftslehre u. a. um die Frage geht, welchen Einfluss wirtschaftspolitische Instrumente auf die Entscheidung von Menschen haben, konzentriert sich die mikroökonomische Analyse auf die Nutzenelement, die sich gezielt und relativ schnell durch solche Instrumente beeinflussen lassen. Das bedeutet, dass sich die Nutzentheorie primär auf die Menge der konsumierbaren Güter beschränkt.

***espresso*-Verständnis** | Ein **Gut** ist ein Mittel zur Bedürfnisbefriedigung. Dabei kann es sich um ein Sachgut (materielles Gut) handeln oder um eine Dienstleistung (immaterielles Gut). Wird das Gut direkt zur Bedürfnisbefriedigung verwendet, indem es ge- oder verbraucht wird, ist es ein Konsumgut. Wird es nur indirekt zur Bedürfnisbefriedigung verwendet, indem es im Produktionsprozess zur Herstellung von Konsumgütern eingesetzt wird, ist es ein Produktions- oder Investitionsgut. In der Haushaltstheorie, in der es primär um die Konsumentscheidungen von Haushalten geht, wird unter dem Begriff Gut daher ein **Konsumgut** verstanden.

Damit private Haushalte ihre Konsumentscheidungen treffen können, müssen sie sich darüber im Klaren sein, wie sie unterschiedliche Konsumalternativen bewerten. Das bedeutet, dass ein Konsument in der Lage ist, alle denkbaren Konsumgüterbündel entsprechend ihrer Erwünschtheit zu sortieren. Konkret bedeutet dies Folgendes: Einem Konsumenten werden zwei Konsumgüterbündel präsentiert. Das erste besteht aus 500 Gramm Brot, 3 Äpfeln und 1,2 Litern Milch, das zweite aus 350 Gramm Brot, 5 Äpfeln und 1,4 Litern Milch. Die Entscheidung, welches Konsumbündel bevorzugt wird, hängt von den **Präferenzen** der betroffenen Person ab. Diese sind individuell bzw. subjektiv. Person A kann Präferenzen haben, nach denen das erste Konsumbündel gegenüber dem zweiten Bündel bevorzugt wird. Person B kann aufgrund anderer Präferenzen das zweite Güterbündel dem ersten vorziehen. Und Person C kann beide Güterbündel als gleich gut einstufen und damit zwischen ihnen indifferent sein.

Wenn Menschen alle theoretisch möglichen Güterbündel auf diese Weise vergleichen müssten, würde das schnell zu unübersichtlichen Präferenzrelationen führen. Eine Vereinfachung ist durch die Erstellung einer Nutzenfunktion möglich. Die **Nutzenfunktion** enthält die Mengen der konsumierbaren Güter und ordnet jedem Güterbündel einen Nutzenwert zu. Im Zwei-Güter-Fall gilt $U = f(x_1; x_2)$ mit U für *utility* sowie x_1 für die Menge von Gut 1 und x_2 für die Menge von Gut 2. Dabei gilt: Wenn die Menge eines Konsumguts erhöht wird und die Menge der anderen Konsumgüter konstant gehalten wird, steigt der Nutzen. Ziel des privaten Haushalts ist die Maximierung seiner Nutzenfunktion.

Wichtig für ökonomische Analysen ist, ob die Unterschiede der Zahlenwerte, die die Nutzenfunktion einzelnen Güterbündeln zuordnet, eine Bedeutung haben oder nicht. Eine Nutzenfunktion kann beispielsweise einem Güterbündel den Wert 4 zuordnen und einem zweiten Güterbündel den Wert 8. Wenn der Unterschied zwischen diesen beiden Nutzenzuweisungen keine Bedeutung hat – außer dem Umstand, dass das zweite Güterbündel höher bewertet wird als das erste – handelt es sich um einen **ordinalen Nutzen**. Falls die Nutzendifferenz jedoch eine Bedeutung hat – also z. B., dass das zweite Güterbündel zweimal so wünschenswert ist wie das erste – liegt ein **kardinaler Nutzen** vor.

Für eine grafische Darstellung von Nutzenfunktionen werden **Indifferenzkurven** verwendet. Eine Indifferenzkurve enthält alle Konsumgüterbündel, die von einem privaten Haushalt als gleich wünschenswert angesehen werden. Alle Konsumgüterbündel einer Indifferenzkurve stiften den identischen Nutzen. → Abb. 2.1 stellt Indifferenzkurven im Zwei-Güterfall dar. Das x steht für die Mengen der beiden Konsumgüter.

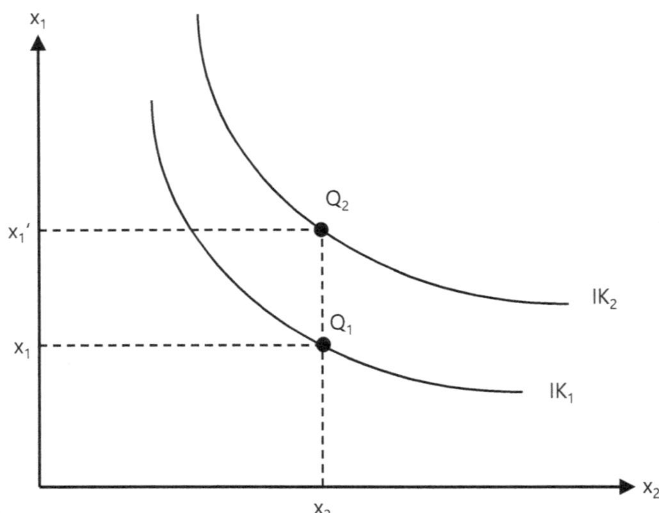

Abb. 2.1: Diese Abbildung zeigt Indifferenzkurven. Alle Güterbündel, die den gleichen Nutzen stiften, bilden eine Indifferenzkurve. Je weiter eine Indifferenzkurve vom Ursprung des Koordinatenkreuzes entfernt ist, desto größer ist der damit verbundene Nutzen.

Eine zentrale Annahme der Konsumtheorie lautet, dass Menschen eine größere Menge eines bestimmten Produkts besser finden als eine geringere Menge. Wenn es zwei Güterbündel gibt, die vom zweiten Gut eine identische Menge enthalten, sich aber bezüglich der Menge des ersten Produkts unterscheiden, ist der Nutzen des Güterbündels mit der größeren Menge des ersten Produkts höher als der des anderen Güterbündels. Deshalb hat das Güterbündel Q_2 in → Abb. 2.1 einen höheren Nutzen als das Güterbündel Q_1.

Folglich ist der Nutzen aller Güterbündel, die auf der Indifferenzkurve IK_2 liegen, höher als der Nutzen aller Konsumgüterbündel der Indifferenzkurve IK_1 ($U(IK_2) > U(IK_1)$ mit U für *utility*). Somit gilt: Je weiter eine Indifferenzkurve vom Ursprung entfernt ist, desto höher ist der damit verbundene Nutzen.

***espresso*-Wissen** | Ein weiterer wichtiger Begriff der Haushalts- bzw. Nutzentheorie ist der **Grenznutzen**. Er gibt an, wie sich der Gesamtnutzen eines bestimmten Konsumgüterbündel verändert, wenn die Menge eines Guts erhöht wird und die Mengen aller anderen Güter konstant bleiben.

Formal ergibt sich der Grenznutzen, indem die erste Ableitung der Nutzenfunktion nach dem betreffenden Gut gebildet wird. In den ökonomischen Standardanalysen wird mit einem positiven, aber abnehmenden Grenznutzen argumentiert. Ein **positiver Grenznutzen** bedeutet, dass jede zusätzliche Konsumgütereinheit den Gesamtnutzen einer Person erhöht. Ein **abnehmender Grenznutzen** bedeutet, dass diese Nutzenzuwächse immer geringer werden. Das heißt Folgendes: Das erste Kaltgetränk, das konsumiert wird, stiftet dem Konsumenten einen Nutzen, dem er einen monetären Wert von z. B. 5,- Euro zuordnet. Der zusätzliche Nutzen, den das zweite Kaltgetränk stiftet, liegt nur noch bei 4,25 Euro, der des dritten bei 3,75 Euro usw.

Diese Nutzenmaximierung eines privaten Haushalts erfolgt jedoch unter Restriktionen, d. h. die Menge der möglichen Konsumgüterbündel ist beschränkt. Zentrale Restriktion ist die zur Verfügung stehende Kaufkraft. Sie wird wiederum von zwei Einflussgrößen determiniert: dem für Konsumzwecke zur Verfügung stehenden nominalen **Einkommen** (gemessen in Geldeinheiten, also z. B. Euro) und den am Markt geltenden **Güterpreisen** (gemessen in Geldeinheiten pro Gütereinheit).

Angenommen, ein Haushalt verfügt über ein wöchentliches Einkommen von 100,- Euro. Er kann dieses Geld für zwei Produkte – Brot und Fleisch – ausgeben. 100 Gramm Brot kosten 2,50 Euro und 100 Gramm Fleisch 10,- Euro. Wird das gesamte Einkommen für den Kauf von Brot ausgegeben, kann sich dieser Haushalt 4.000 Gramm Brot leisten. Wird das verfügbare Haushaltseinkommen ausschließlich für den Konsum von Fleisch verwendet, können davon 1.000 Gramm Fleisch gekauft und konsumiert werden. Daneben gibt es zahlreiche andere Kombinationen von Brot- und Fleischmengen, deren Ausgaben in der Summe 100,- Euro betragen, z. B. 2.000 Gramm Brot und 500 Gramm Fleisch.

***espresso*-Wissen** | Alle Gütermengenkombinationen, die sich ein Haushalt mit seinem verfügbaren Einkommen bei den geltenden Preisen leisten kann, stellen seine **Budgetrestriktion** dar.

Für welche Gütermengenkombination ein Haushalt sich entscheidet, hängt von den bereits erwähnten Präferenzen ab. Bei einer hohen Präferenz für den Konsum von Fleisch wird das nutzenmaximierende Güterbündel relativ viel Fleisch und relativ wenig Brot enthalten. Für einen anderen Haushalt mit anderen Präferenzen kann sich das optimale Konsumgüterbündel durch wenig Fleisch und viel Brot auszeichnen. Die Gütermengen, die für einen Haushalt unter den gegebenen ökonomischen Restriktionen die für ihn besten sind – also seinen Nutzen maximieren –, sind dann gleichzeitig auch die Mengen, die er am entsprechenden Gütermarkt nachfragt.

Nachdem sich aus der individuellen Nutzenmaximierung der **optimale Konsumplan** eines Haushalts ergeben hat, lässt sich untersuchen, wie sich dieses Güterbündel verändert, wenn sich Preise oder das Einkommen verändern. Welche Reaktionen sich daraus ergeben, lässt sich nicht eindeutig vorhersagen.

Wenn sich der Preis eines bestimmten Konsumguts erhöht, ist im Normalfall davon auszugehen, dass die nachgefragte Menge nach diesem Produkt sinkt. Falls also der Preis für Benzin steigt, fragt ein privater Haushalt weniger Benzin nach. Die Gründe dafür können vielfältig sein: der Umstieg auf Angebote des öffentlichen Verkehrs (Busse, Bahn), die Nutzung eines Fahrrads oder schlichtweg ein geringeres Ausmaß an Mobilität. Diese Reaktion wird als eine **normale Nachfrage** bezeichnet.

Möglich ist jedoch auch eine erhöhte Nachfrage nach einem Produkt, dessen Preis steigt. In dem bereits erwähnten Brot-Fleisch-Beispiel lässt sich dies wie folgt erklären: Wenn der Brotpreis steigt, verringert sich die Kaufkraft eines Haushalts. Das erschwert den Kauf des relativ teuren Konsumguts Fleisch. Ein geringerer Fleischkonsum reduziert die Kalorienzufuhr. Um diese Kalorienreduktion auszugleichen, kann es erforderlich werden, mehr von dem relativ preiswerten Konsumprodukt Brot zu kaufen – der steigende Brotpreis führt also zu einer höheren Nachfrage nach Brot. Diese Reaktion wird **anormale Nachfrage** genannt.

Die mengenmäßige Nachfrage nach einem bestimmten Produkt wird jedoch nicht nur von dem Preis dieses Produkts bestimmt, sondern auch von den Preisen – und Preisänderungen – anderer Konsumgüter.

Wenn beispielsweise die Preise für die Nutzung der Bahn sinken, wird das Bahnfahren im Vergleich zur Fahrt mit dem eigenen Pkw attraktiver. Die geringere Nutzung des eigenen Pkws führt zu einer geringeren Nachfrage nach Benzin. Güter, bei denen ein Preisrückgang des ersten Konsumguts zu einer geringeren Nachfrage nach dem zweiten Konsumgut führt, werden als **Substitute** bezeichnet – die Konsumenten ersetzen das Produkt, dessen Preis unverändert ist, durch das Gut, dessen Preis gesunken ist. Das bedeutet auch: Wenn der Preis eines Substituts steigt, nimmt die Nachfrage nach dem zweiten Substitut zu.

Denkbar ist aber auch, dass sich die mengenmäßige Güternachfrage als Reaktion auf eine Preisänderung bei beiden Produkten in die gleiche Richtung bewegt. Wenn der Preis für Benzin steigt, wird die Nutzung eines eigenen Pkw weniger attraktiv. Also geht nicht nur die Nachfrage nach Benzin zurück, sondern auch die nach Pkws. Güter, bei denen ein Preisanstieg des ersten Konsumguts zu einer geringeren Nachfrage nach dem zweiten Konsumgut führt, werden als **komplementäre Güter** bezeichnet. Die beiden Güter ergänzen sich, und wenn ein höherer Preis die nachgefragte Menge des davon direkt betroffenen Konsumguts verringert, geht auch die nachgefragte Menge des anderen Konsumguts zurück.

Schließlich verändern Einkommensänderungen das Nachfrageverhalten eines privaten Haushalts. Grundsätzlich ist zu erwarten, dass ein Einkommensanstieg dazu führt, dass der Haushalt von allen Konsumgütern mehr nachfragt. Das muss jedoch nicht zwingend der Fall sein. Denkbar ist, dass der Haushalt nun vermehrt die Produkte nachfragt, die er als besonders erstrebenswert bzw. hochwertig ansieht. Das bedeutet gleichzeitig, dass Güter, die als minderwertig eingestuft werden, weniger nachgefragt werden. Beispielsweise könnte der

Haushalt bei einer Einkommenserhöhung häufiger ins Restaurant gehen und dafür die Nachfrage nach Lebensmitteln, die für das Kochen in der eigenen Wohnung genutzt werden, reduzieren. Wenn eine Einkommenserhöhung dazu führt, dass die nachgefragte Menge nach einem Produkt steigt, handelt es sich um ein **superiores Gut**. Falls ein Einkommensanstieg zu einer Verringerung der Nachfrage nach einem Produkt führt, handelt es sich um ein **inferiores Gut**.

Diese Ausführungen zum Nachfrageverhalten eines nutzenmaximierenden privaten Haushalts lassen sich in einem Preis-Mengen-Diagramm abbilden (→ Abb. 2.2). Dabei gelten folgende Zusammenhänge: Wenn sich der Preis des Konsumguts (p) verringert, nimmt die nachgefragte Menge (x) im Normalfall zu.

***espresso*-Wissen** | Die **Nachfragegerade** (x^d mit d für *demand*) stellt den Zusammenhang zwischen dem am Markt herrschenden Preis, den der Haushalt nicht beeinflussen kann, und der von dem Haushalt nachgefragten Gütermenge dar. Bei Preisänderungen bewegen wir uns also auf der Nachfragegeraden.

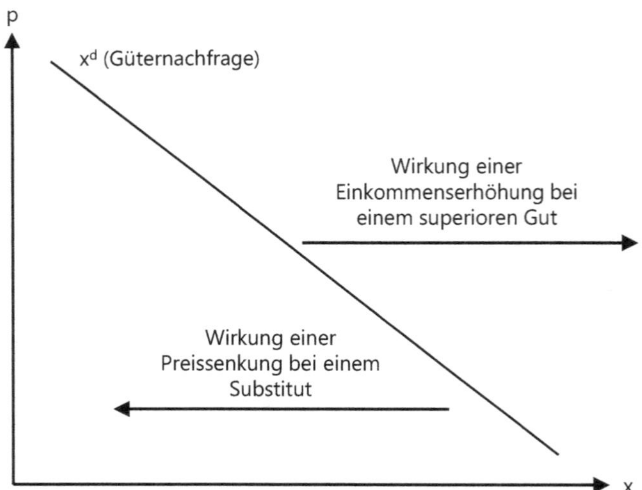

Abb. 2.2: Diese Abbildung zeigt, wie die nachgefragte Gütermenge vom Güterpreis abhängt. Bei einem hohen Preis wird eine geringe Menge nachgefragt. Sinkt der Preis, steigt die nachgefragte Gütermenge. Wird eine andere Einflussgröße als der Güterpreis verändert, kommt es zu einer Verschiebung der Nachfragegeraden.

Wenn sich eine andere Größe als der Preis des betreffenden Konsumguts ändert, kommt es zu einer Verschiebung der Nachfragegeraden. Bei einer Einkommenserhöhung wird die Nachfragegerade beispielsweise nach rechts verschoben, wenn es sich um ein superiores Gut handelt. Grund für diese Verschiebung ist der Umstand, dass wegen des höheren verfügbaren Einkommens nun bei jedem beliebigen Preis für das Konsumgut eine größere Menge nachgefragt wird. Wenn der private Haushalt also beispielsweise bei einem Preis von 8,90 Euro für eine Flasche Rotwein bei dem ursprünglichen verfügbaren Einkommen 3 Flaschen pro Monat kaufte, sind es nach der Einkommenserhöhung und einem unveränderten Preis 4 Flaschen.

Zu einer Verschiebung der Nachfragegeraden nach links kommt es, wenn der Preis eines Substituts sinkt oder wenn der Preis eines komplementären Guts steigt.

Die bisherigen Zusammenhänge, die sich auf das Konsumverhalten eines einzelnen Haushalts bezogen, gelten auch für die Gesamtheit aller privaten Haushalte. Zu der **Gesamtnachfragegeraden** des Markts gelangen wir, wenn wir die Nachfragegeraden aller privaten Haushalte zu einer Geraden zusammenfassen. Wenn also beispielsweise bei einem Benzinpreis von 1,50 Euro pro Liter Person A 15 Liter pro Woche kauft, Person B 12 Liter und Person C 25 Liter, beträgt die gesamte Benzinnachfrage bei 1,50 Euro pro Liter insgesamt 52 Liter.

2.2 Produktions- und Kostentheorie und das Güterangebot

***espresso*-Wissenscheck** | https://narr.kwaest.io/s/1250

***espresso*-Keywords** | Unternehmen, Produktionsfaktoren, Faktorpreis, Produktionsfunktion (substitutional, limitational), Minimalkostenkombination, Grenzkosten (steigend), Grenzertrag (positiver, abnehmender), Angebotsgerade, Gesamtangebotsgerade

Die von den privaten Haushalten nachgefragten Konsumgüter werden von den **Unternehmen** produziert und angeboten. Die Unternehmen fragen dafür Produktionsfaktoren nach. In den volkswirtschaftlichen Analysen wird üblicherweise mit nur zwei **Produktionsfaktoren** gearbeitet, dem Faktor Arbeit – d. h. menschliche Arbeitskräfte – und dem Faktor Kapital. Hierzu gehören Maschinen, Werkzeuge, Produktionsgebäude etc., es handelt sich somit nicht um Kapital im Sinne von Geld, sondern um Realkapital.

Die technischen Zusammenhänge zwischen den beiden Inputfaktoren Arbeit (A) und Kapital (K) auf der einen und dem mengenmäßigen Output eines bestimmten Produkts (x) auf der anderen Seite werden mit der **Produktionsfunktion** abgebildet. Sie ordnet jeder Kombination von Einsatzmengen der beiden Produktionsfaktoren die damit maximal herstellbare Gütermenge zu: x = f (A; K). Technologische Aspekte – und damit auch technologische Fortschritte – können in einem dritten Element der Produktionsfunktion erfasst werden oder aber durch den funktionalen Zusammenhang (f).

Für die beiden Produktionsfaktoren muss das Unternehmen einen entsprechenden **Faktorpreis** zahlen. Beim Faktor Arbeit ist das der Lohn, beim Faktor Kapital der Zinssatz. Die Produktionskosten, die mit der Herstellung einer bestimmten Menge des Konsumguts verbunden sind, ergeben sich somit aus der Multiplikation der erforderlichen Einsatzmengen der beiden Produktionsfaktoren und deren Preis.

Im Normalfall kann eine bestimmte Gütermenge mit unterschiedlichen Einsatzmengen von Arbeit und Kapital hergestellt werden. Wenn es beispielsweise darum geht, 1.000 Quadratmeter Rasen zu mähen, könnte das unter Einsatz eines Rasentraktors geschehen. Das benötigt nur wenig Arbeitszeit. Wird stattdessen ein elektrischer Rasenmäher verwendet, also eine geringere Menge an Kapital als im Fall eines Rasentraktors, steigt die erforderliche Arbeitszeit. Der Faktor Kapital wird durch den Faktor Arbeit ersetzt bzw. substituiert. Denkbar wäre schließlich auch ein sehr geringer Kapitaleinsatz in Form einer Rasenschere, was dann aber eine hohe Einsatzmenge des Faktors Arbeit verlangt.

Produktionsverfahren, bei denen verschiedene Kombinationen der Produktionsfaktoren einen identischen Output hervorrufen, zeichnen sich durch eine **substitutionale Produktionsfunkton** aus. Hier kann also der Mindereinsatz des Faktors Kapital durch einen Mehreinsatz das Faktors Arbeit kompensiert werden und umgekehrt. Der mengenmäßige Output bleibt dabei unverändert.

Es gibt aber auch Produktionsprozesse, bei denen die Inputmengen in einem festen Verhältnis stehen. Ein simples Beispiel: Die Herstellung eines Pkws verlangt einen Motor und 4 Räder. Der Verzicht auf das 4. Rad kann nicht durch den zusätzlichen Input eines halben Motors ausgeglichen werden. In diesem Fall handelt es sich um eine **limitationale Produktionsfunktion**. Das bedeutet auch: Mit 3 Motoren und 16 Rädern können nur 3 Pkws hergestellt werden. Der Mangel an Motoren limitiert die Produktionsmenge, obwohl sich mit den Rädern 4 Autos herstellen lassen. Bei einer limitationalen Produktionsfunktion stellt sich somit gar nicht die Frage, welche Kombination von Inputmengen gewählt werden soll – diese Frage ist produktionstechnologisch beantwortet.

Bei einer substitutionalen Produktionsfunktion hängt die Entscheidung, welche der zahlreichen Kombinationen von Produktionsfaktoren zur Herstellung einer bestimmten Gütermenge von dem Unternehmen ausgewählt wird, hingegen von den Preisen ab, die für die beiden Produktionsfaktoren zu zahlen sind. Ziel des Unternehmens ist es, die Produktionskosten für die gewünschte Produktionsmenge zu minimieren.

***espresso*-Wissen** | Die Kombination von Arbeit und Kapital, die unter den gegebenen Faktorpreisen eine bestimmte Gütermenge zu den geringsten Kosten herstellen kann, ist die **Minimalkostenkombination**. Sie lässt sich für jede beliebige Gütermenge, die das Unternehmen herstellen möchte, berechnen.

Mit dem Wissen über die jeweils kostenminimierende Kombination von Produktionsfaktoren kann das Unternehmen die gewinnmaximierende Outputmenge bestimmen. Dafür benötigt das Unternehmen im Kern zwei Informationen: die Höhe des Marktpreises, der für das Produkt erzielt werden kann, und die Höhe der Grenzkosten. Der Marktpreis ist für das Unternehmen dabei eine gegebene Größe, d. h. das Unternehmen hat keinen Einfluss auf dessen Höhe.

***espresso*-Verständnis** | Das Konzept der **Grenzkosten** lautet wie folgt: Die Grenzkosten geben an, wie sich die Produktionskosten des Unternehmens verändern, wenn eine zusätzliche Gütereinheit produziert wird. Wenn also die Herstellung von 100 Produkteinheiten Kosten in Höhe von 15.000,- Euro verursacht und 101 Mengeneinheiten Kosten in Höhe von 15.155,- Euro, liegen die Grenzkosten bei 155,- Euro.

Eine Standardannahme der volkswirtschaftlichen Analysen besagt, dass die Produktion von Gütern mit **steigenden Grenzkosten** verbunden ist. Das bedeutet: Wenn ein Unternehmen seine Produktionsmenge sukzessive erhöht, werden die Produktionskosten höher. Hinzu kommt, dass jede zusätzliche Gütereinheit höhere Grenzkosten hat als die zuletzt hergestellte Gütereinheit. Dieses Prinzip lässt sich intuitiv wie folgt erklären: Angenommen, eine Person soll mit Hilfe eines Spatens eine große Bodenfläche umgraben. Für den ersten Quadratmeter benötigt die Person 10 Minuten. Für den zweiten Quadratmeter werden bereits 10,5 Minuten gebraucht, weil sich bei der Person erste Erschöpfungssymptome bemerkbar machen. Das Umgraben des dritten Quadratmeters dauert 11,25 Minuten und so weiter. Folge dieser produktionstechnologischen Zusammenhänge ist, dass die Arbeitskosten, die für jeden zusätzlich umgegrabenen Quadratmeter gezahlt werden müssen, steigen – und das führt zu steigenden Grenzkosten. Die produktionstechnologische Erklärung für diesen Verlauf der Grenzkosten sind positive, aber abnehmende Grenzerträge bei der Herstellung von Produkten.

***espresso*-Verständnis** | Das Konzept des Grenzertrags lässt sich analog zum Konzept des Grenznutzen erklären. Der **Grenzertrag** gibt an, wie sich der Gesamtoutput verändert, wenn die Einsatzmenge eines Produktionsfaktors erhöht wird und die Mengen aller anderen Produktionsfaktoren konstant bleiben. Der Grenzertrag des Faktors Arbeit ergibt sich, indem die erste Ableitung der Produktionsfunktion nach dem Faktor Arbeit gebildet wird. In den ökonomischen Standardanalysen wird häufig mit einem positiven, aber abnehmenden Grenzertrag argumentiert. Ein **positiver Grenzertrag** bedeutet, dass jede zusätzliche Mengeneinheit des betreffenden Produktionsfaktors die Menge der produzierten Güter erhöht. Ein **abnehmender Grenzertrag** hat zur Folge, dass diese Outputzuwächse immer geringer werden. Bezogen auf das bereits erwähnte Beispiel des Umgrabens heißt das Folgendes: In der ersten Stunde gräbt die Person z. B. 60 Quadratmeter Boden um, in der zweiten Stunde sind es nur noch 55 Quadratmeter usw.

Voraussetzung für positive und abnehmende Grenzerträge ist eine substitutionale Produktionsfunktion. Bei einer limitationalen Produktionsfunktion ist der Grenzertrag eines Produktionsfaktors entweder konstant oder null. Dies lässt sich am Beispiel der Pkw-Produktion mit 3 zur Verfügung stehenden Motoren und 16 Rädern verdeutlichen: Mit diesen verfügbaren Materialien lassen sich 3 Pkw herstellen. Steht ein 4. Motor zur Verfügung, lassen sich 4 Pkws produzieren – der Grenzertrag dieses Motors ist also eins. Steht ein 5. Motor zur Verfügung, bleibt die Menge der produzierbaren Pkws unverändert, weil nun die Räder zum limitierenden Faktor werden. Der Grenzertrag des 5. Motors ist somit null.

Wird von steigenden Grenzkosten – und somit einer substitutionalen Produktionsfunktion – ausgegangen, so lässt sich die Höhe der Gütermenge, die den Gewinn eines Unternehmens maximiert, mit einem Beispiel bestimmen. Das Unternehmen stellt dabei ein Produkt her, für das es am Markt 6,50 Euro erzielt.

- Wenn es nur eine Einheit produziert, fallen annahmegemäß Kosten in Höhe von 2,50 Euro an. Die Herstellung dieser Produkteinheit lohnt sich, weil sie einen Gewinn in Höhe von 4,- Euro abwirft.
- Die Herstellung einer zweiten Gütereinheit verursacht Grenzkosten in Höhe von 4,50 Euro. Auch diese Einheit wird produziert und angeboten, weil sie einen zusätzlichen Gewinn in Höhe von 2,- Euro abwirft.
- Die dritte Gütereinheit hat Grenzkosten in Höhe von 6,50 Euro. Hier ist das Unternehmen indifferent, ob es diese Einheit produziert oder nicht. Die zusätzlichen Produktionskosten werden gedeckt, aber es fällt kein weiterer Gewinn an. Bei dieser Indifferenz wird die Konvention getroffen, dass diese Einheit produziert wird.
- Die vierte Mengeneinheit verursacht zusätzliche Kosten in Höhe von 8,50 Euro. Am Markt würden mit dem Verkauf dieser Gütereinheit jedoch nur 6,50 Euro erzielt werden können. Betriebswirtschaftlich ist das nicht sinnvoll, denn der Gewinn des Unternehmens würde dadurch um 2,- Euro geschmälert werden.

Für ein Unternehmen, das seinen Gewinn maximieren will, gilt somit folgende Regel: Biete die Gütermenge an, bei der die Grenzkosten der Produktion mit dem am Markt herrschenden Preis übereinstimmen. Das bedeutet: Sollte der Marktpreis auf 4,50 Euro sinken, würde das Unternehmen seine Menge anpassen und nur noch zwei anstelle von drei Gütereinheiten anbieten. Ergänzend ist bei diesem Angebotsverhalten zu berücksichtigen, dass eine zweite Bedingung erfüllt sein muss: Die Einnahmen, die durch den Verkauf der Produkte erzielt werden, müssen hinreichend hoch sein, um die Gesamtkosten der Produktion zu decken.

Diese Zusammenhänge können wiederum in ein Preis-Mengen-Diagramm übertragen werden (→ Abb. 2.3). Die von dem Unternehmen angebotene Gütermenge (x) hängt in positiver Weise vom Güterpreis (p) ab: Je höher der Preis ist, den das Unternehmen für sein Produkt erhält, desto mehr Gütereinheiten bietet es an. Die daraus resultierende **Angebotsgerade** (x^s mit s für *supply*) stellt den Zusammenhang zwischen dem am Markt herrschenden Preis und der von einem Unternehmen angebotenen Gütermenge dar. Die Angebotsgerade entspricht dabei der Grenzkostengeraden. Preisänderungen führen zu einer Bewegung auf der Angebotsgeraden.

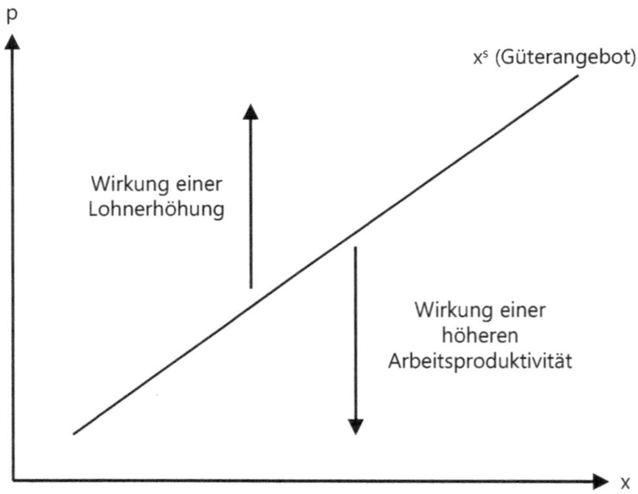

Abb. 2.3: Diese Abbildung zeigt, wie die angebotene Gütermenge vom Güterpreis abhängt. Bei einem niedrigen Preis wird eine geringe Menge angeboten. Steigt der Preis, steigt die angebotene Gütermenge. Wird eine andere Einflussgröße als der Güterpreis verändert, kommt es zu einer Verschiebung der Angebotsgeraden.

Wenn sich eine andere Größe als der Preis für das von dem Unternehmen angebotene Produkt ändert, kommt es zu einer Verschiebung der Angebotsgeraden. Falls beispielsweise ein technologischer Fortschritt die Arbeitsproduktivität erhöht, kann eine bestimmte Gütermenge mit einer geringeren Menge an Arbeit hergestellt werden. Die Produktionskosten – und damit auch die Grenzkosten der Produktion – werden geringer. Das Unternehmen kann nun jede beliebige Gütermenge zu einem geringeren Preis anbieten. Die Angebotsgerade verschiebt sich somit nach unten bzw. nach rechts. Sollte es hingegen zu einem Lohnanstieg kommen, steigen die Grenzkosten der Produktion. Das Unternehmen kann jede beliebige Gütermenge nur zu einem höheren Preis anbieten. Seine Güterangebotsgerade verschiebt sich folglich nach oben bzw. nach links.

So wie bereits beim Nachfrageverhalten der privaten Haushalte können auch die individuellen Angebotsgeraden der Unternehmen zu einer **Gesamtangebotsgeraden** zusammengefasst werden.

2.3 Preisbildung auf Märkten

***espresso*-Wissenscheck** | https://narr.kwaest.io/s/1251

***espresso*-Keywords** | Markt, vollständige Konkurrenz, Preisnehmer, Mengenanpasser, Marktgleichgewicht (stabiles), Angebotsüberschuss, Nachfrageüberhang, Marktformen, Monopol, Oligopol, Monopson

Nachdem das Nachfrageverhalten der Haushalte und das Angebotsverhalten der Unternehmen bisher isoliert voneinander betrachtet wurden, werden beide Verhaltensweisen nun zusammengebracht. Das ermöglicht den Austausch von Gütern, der in einer Marktwirtschaft auf dem Markt erfolgt.

***espresso*-Wissen** | Der **Markt** ist der Ort, an dem sich Angebot und Nachfrage eines Guts treffen.

Das Angebot bezeichnet die Bereitschaft eines wirtschaftlichen Akteurs, eine bestimmte Menge eines Guts zu einem bestimmten Preis zu verkaufen. Die Nachfrage bezeichnet hingegen die Bereitschaft eines wirtschaftlichen Akteurs, eine bestimmte Menge eines Guts zu einem bestimmten Preis zu kaufen.

In einer Volkswirtschaft gibt es verschiedene Marktformen. Das idealtypische Modell, das im Zentrum volkswirtschaftlicher Analysen steht, ist ein Markt mit vollständiger Konkurrenz.

***espresso*-Verständnis | Vollständige Konkurrenz** liegt vor, wenn folgenden Bedingungen erfüllt sind: Es wird ein homogenes Gut gehandelt, d. h. die Konsumenten sehen alle Einheiten des gehandelten Produkts als qualitativ gleichwertig an. Daher hängt die Wahl des Anbieters ausschließlich von dessen Preisforderung ab. Es herrscht Markttransparenz, d. h. alle Marktteilnehmer verfügen über alle relevanten Informationen (Preise, Anbieter etc.). Es gibt eine Vielzahl von Anbietern und Nachfragern, sodass kein Wirtschaftsakteur den Marktpreis einseitig beeinflussen kann. Der Markteintritt und der Marktaustritt sind frei, d. h. es liegt ein offener Markt vor. Schließlich ist der Preis für das auf dem Markt gehandelte Gut nach oben und unten vollkommen flexibel. Unter diesen Rahmenbedingungen ist der Preis für alle Marktteilnehmer eine gegebene Größe. Die Marktakteure agieren daher als **Preisnehmer** und **Mengenanpasser**. D. h., sie passen ihre angebotene bzw. nachgefragte Menge so an, dass sie zu diesem Preis ihren Gewinn bzw. ihren Nutzen maximieren.

Sofern ein Markt unter vollständiger Konkurrenz vorliegt, lässt sich das daraus resultierende Marktgleichgewicht mit Hilfe der → Abb. 2.4 beschreiben. Die gesamtwirtschaftliche Nachfragegerade (x^d) und die gesamtwirtschaftliche Angebotsgerade (x^s) haben die bereits erläuterten Verläufe. Der Schnittpunkt der beiden Geraden stellt das **Marktgleichgewicht** dar. Bei dem Gleichgewichtspreis p^* fragen die Konsumenten exakt die Gütermenge nach, die von der Gesamtheit aller Unternehmen angeboten wird (x^*). Alle Nachfrager erhalten also genau die Gütermenge, die sie beim Preis p^* wünschen. Und alle Anbieter können die Gütermengen verkaufen, die sie beim Preis p^* anbieten. Daher hat kein Wirtschafsakteur einen Anreiz, sein Verhalten zu ändern. Ohne eine Veränderung bei den wirtschaftlichen Rahmenbedingungen verändert sich dieses Marktgleichgewicht im Zeitablauf nicht. Dieses Gleichgewicht ist folglich **stabil**.

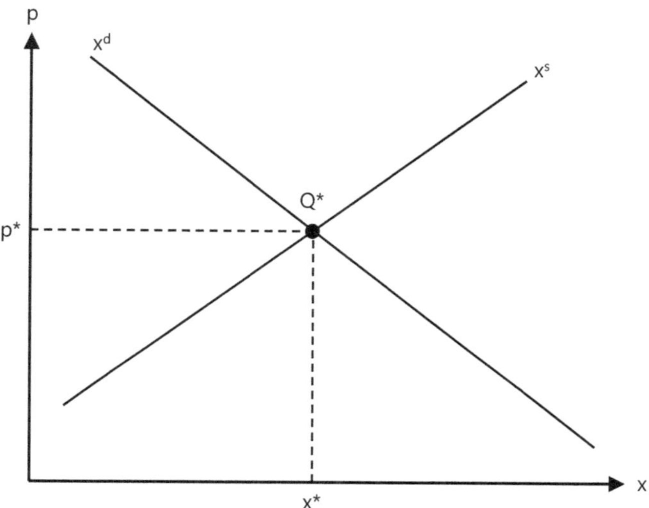

Abb. 2.4: Diese Abbildung zeigt das Gleichgewicht auf einem Gütermarkt. Beim Gleichgewichtspreis (p*) fragt die Gesamtheit aller Verbraucher exakt die Gütermenge (x*) nach, die zu diesem Preis von der Gesamtheit aller Unternehmen produziert und angeboten wird.

Das Marktgleichgewicht Q^* wird im Modell der vollständigen Konkurrenz stets erreicht – selbst dann, wenn der ursprüngliche Marktpreis nicht mit dem Marktgleichgewichtspreis p^* übereinstimmt. Angenommen, der aktuelle Marktpreis (p_0) ist höher als der Marktgleichgewichtspreis p^*. In diesem Fall ist die von den Unternehmen angebotene Gütermenge (x^s_0) größer als die von allen Konsumenten nachgefragte Menge (x^d_0). Auf dem Markt kommt es zu einem **Angebotsüberschuss** ($x^s > x^d$, → Abb. 2. 5).

Das bedeutet, dass nicht alle Unternehmen ihre Produkte verkaufen können. Um die bereits hergestellten Güter dennoch absetzen zu können, reduzieren einzelne Unternehmen den Preis, den sie von den privaten Haushalten verlangen. Dies bemerken die Nachfrager wegen der Annahme der vollständigen Markttransparenz. Sie gehen zu den Unternehmen, die Preisreduktionen anbieten. Das setzt die übrigen Unternehmen unter Druck, d. h. auch sie müssen ihre Preisforderungen herunterschrauben.

Es kommt also zu einem Preisrückgang. Dieser baut den Angebotsüberschuss über zwei Wege ab. Zum einen erhöhen die Konsumenten ihre Güternachfrage. Zum anderen schränken die Unternehmen ihre Produktion wegen des geringeren Preises ein. Der Angebotsüberschuss wird somit über eine steigende Güternachfrage und ein sinkendes Güterangebot abgebaut. Der Preisrückgang dauert so lange, bis der Gleichgewichtspreis p* erreicht wird.

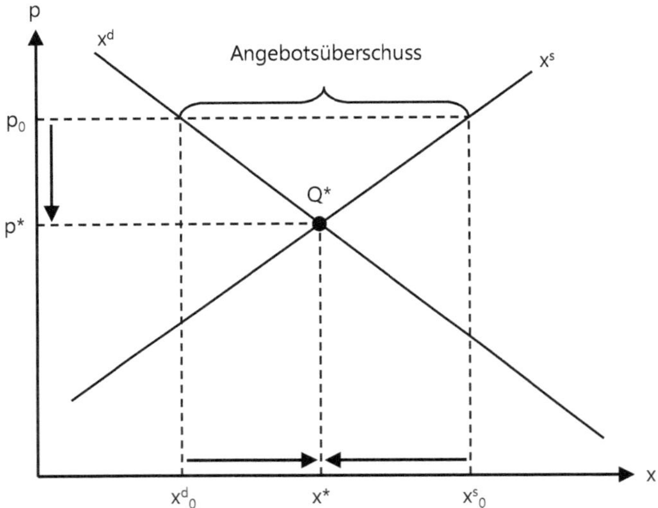

Abb. 2.5: Diese Abbildung zeigt, wie es auf dem Gütermarkt zu einem Gleichgewicht kommt, wenn der Preis in der Ausgangssituation über dem Marktgleichgewichtspreis (p*) liegt. Beim Preis (p_0) ist die angebotene Gütermenge größer als die nachgefragte. Der daraus resultierende Angebotsüberschuss bewirkt einen Preisrückgang.

Falls sich die wirtschaftlichen Rahmenbedingungen ändern, kommt es auch zu einem neuen Marktgleichgewicht. Angenommen, die verfügbaren Einkommen der privaten Haushalte steigen. Sofern auf dem betreffenden Gütermarkt ein superiores Gut gehandelt wird, bewirkt dieser Einkommensanstieg eine höhere Güternachfrage. Die Gesamtnachfragegerade wird folglich nach rechts verschoben. Das neuen Gütermarktgleichgewicht zeichnet sich durch einen höheren Güterpreis aus ($p_1 > p^*$ in → Abb. 2.6) sowie durch eine größere Gütermenge ($x_1 > x^*$).

Die Anpassung an das neue Marktgleichgewicht erfolgt wiederum über Preisänderungen, an die sich alle Marktakteure anpassen: Wenn die Nachfrage nach dem auf dem Markt gehandelten Produkt steigt und der Marktpreis unverändert die Höhe p* hat, kommt es zu einem **Nachfrageüberhang** ($x^d_1 > x^* = x^s_0$). Nicht alle Nachfrager können die Gütermengen erwerben, die sie beim Preis p* wünschen. Das hat zur Folge, dass einzelne Nachfrager bereit sind, einen höheren Preis zu zahlen. Die Anbieter bemerken dies und fordern daher ihrerseits einen höheren Preis.

Es kommt also auf dem betreffenden Markt zu einem Preisanstieg. Dieser baut den Nachfrageüberhang wiederum über zwei Wege ab: Die Güternachfrage sinkt wegen des steigenden Preises (von x^d_1 auf x_1) und das Güterangebot steigt (von x* auf x_1). Dieser Prozess dauert so lange, bis der neue Gleichgewichtspreis (p_1) erreicht ist.

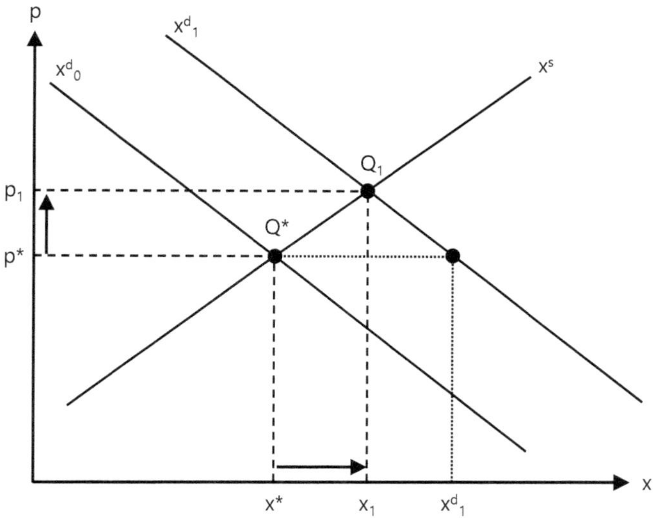

Abb. 2.6: Diese Abbildung zeigt, wie es im Fall einer höheren Nachfrage zu einem neuen Marktgleichgewicht kommt. Die zusätzliche Güternachfrage bewirkt einen Nachfrageüberhang. Dieser lässt den Marktpreis so lange steigen, bis der neue Marktgleichgewichtspreis (p_1) erreicht ist

Der Grundsatz, dass Angebotsüberschüsse und Nachfrageüberhänge über Preisanpassungen abgebaut werden, gilt für alle Marktformen. Der entscheidende Unterschied unterschiedlicher **Marktformen** besteht in dem Einfluss, den einzelne Marktakteure auf den Preis haben.

Im Fall der vollständigen Konkurrenz kann kein Unternehmen den Preis für sein Produkt ändern. Falls ein Anbieter einen höheren Preis für sein Produkt verlangen sollte, würde er alle seine Kunden verlieren. Wegen der vollständigen Markttransparenz wissen alle Nachfrager, dass sie bei anderen

Unternehmen ein günstigeres Angebot erhalten. Also wechseln sie zu diesen Anbietern.

***espresso*-Verständnis** | Das Gegenteil der vollständigen Konkurrenz ist ein **Monopol**. Ein Monopolmarkt ist ein Markt, der sich durch folgende Eigenschaften auszeichnet: So wie bei einem Markt unter vollständiger Konkurrenz gibt es viele Nachfrager, die alle klein sind und daher keinen Einfluss auf den Marktpreis haben. Das entscheidende Kriterium für einen Monopolmarkt ist, dass es nur einen einzigen Anbieter gibt, den Monopolisten. Für das auf dem Monopolmarkt gehandelte Gut gibt es keine oder nur schlechte Substitute, d. h. die Konsumenten können nicht auf ähnliche Angebote anderer Anbieter ausweichen. Der Preis des auf dem Monopolmarkt gehandelten Guts ist flexibel und unterliegt nur dem Einfluss der Marktbeteiligten. Der Monopolist hat dabei einen besonders großen Einfluss auf den Preis, weil er bei seiner Preisgestaltung nicht auf die Reaktionen anderer Anbieter Rücksicht nehmen muss.

Um seinen Gewinn zu maximieren, fordert ein Monopolist einen höheren Preis als in einer Situation, in der eine vollständige Konkurrenz herrscht. Um diesen Preis durchsetzen zu können, muss der Monopolist seine Angebotsmenge im Vergleich zur vollständigen Konkurrenz einschränken – ansonsten käme es zu einem Angebotsüberschuss, der einen Preisrückgang hervorruft. Für die Konsumenten ist dies eine schlechte Situation: Sie können im Vergleich zur vollständigen Konkurrenz nur eine geringere Konsumgütermenge erwerben, für die sie einen höheren Preis zahlen müssen.

Diese Einschränkung der Konsummöglichkeiten stellt sich auch auf einem **Oligopolmarkt** ein. Hierbei handelt es sich um einen Markt, auf dem es nur wenige Anbieter gibt, die alle groß sind. Die Zahl der Nachfrager ist wiederum groß. Auch Oligopolisten verfügen über eine Marktmacht, die sie zur Durchsetzung höherer Preise nutzen. Diese Preissetzungsmacht ist jedoch geringer als im Fall eines Monopols, weil ein Oligopolist auf die Reaktionen seiner – wenn auch nur wenigen – Konkurrenten Rücksicht nehmen muss.

Marktmacht gibt es jedoch nicht nur auf der Anbieterseite, sondern auch auf der Nachfragerseite. Wenn es auf einem Markt nur einen einzigen Nachfrager gibt, handelt es sich um einen **Monopsonmarkt**. Diesem Monopson steht eine Vielzahl von Anbietern gegenüber. Als nutzenmaximierender Nachfrager nutzt der Monopson seine Marktmacht, um den Preis, den der zahlen muss, möglichst gering zu halten. Da es für die Anbieter keine weiteren Nachfrager gibt, müssen sie diesem Wunsch nachgeben. Auf einem Monopsonmarkt stellt sich somit ein Marktgleichgewicht ein, bei dem im Vergleich zur vollständigen Konkurrenz ein geringerer Preis gezahlt wird. Dieser hat zur Folge, dass die Anbieter auch nur eine geringere Gütermenge produzieren und anbieten.

2.4 Vollständige Konkurrenz und Wohlfahrtsmaximum

***espresso*-Wissenscheck** | https://narr.kwaest.io/s/1252

***espresso*-Keywords** | maximale Zahlungsbereitschaft, Wohlfahrt, Wohlfahrtsmaximum, Nettonutzen, Grenznutzengerade, Grenzkostengerade, Marktversagen

Auf einem Markt mit vollständiger Konkurrenz stellt das Marktgleichgewicht einen Zustand dar, in dem die Gesellschaft ihre gesamtwirtschaftliche Wohlfahrt maximiert. Dies lässt sich wie folgt erklären: In → Abb. 2.2 stellt die Nachfragegerade die Menge dar, die eine Person – bzw. im Fall der Marktnachfragegeraden die Gesamtheit aller Konsumenten – nachfragt, wenn auf dem Markt ein bestimmter Preis herrscht. Das kann beispielsweise bedeuten, dass die gesamte Güternachfrage 150 Mengeneinheiten beträgt, wenn der Preis bei 12,50 Euro liegt.

Allerdings lässt sich die Nachfragegerade auch in einer anderen Richtung interpretieren. Dabei geht es um die Frage, welchen Preis die Konsumenten maximal bereit sind zu zahlen, wenn sie die 150. Mengeneinheit nachfragen sollen. Der Preis, der zu der Nachfrage in Höhe von 150 Mengeneinheiten führt, entspricht der **maximalen Zahlungsbereitschaft** für die 150. Gütermenge. Wäre der Preis höher, also z. B. 12,60 Euro, würden weniger als 150 Mengeneinheiten nachgefragt.

Die maximale Zahlungsbereitschaft sagt auch etwas aus über den Nutzen, den die Gesamtheit aller Nachfrager mit dem Konsum der 150 Gütereinheiten verbindet. Die 150. Gütereinheit kann nur verkauft werden, wenn der Güterpreis bei dem Gleichgewichtspreis 12,50 Euro liegt – bei einem Preis von 12,55 Euro werden lediglich 149 Mengeneinheiten nachgefragt. Eine weitere, also die 151. Einheit, wird nur gekauft, wenn der Markpreis niedriger ist, also z. B. bei 12,40 Euro liegt. Das bedeutet, dass die maximale Zahlungsbereitschaft für die 151. Gütereinheit bei 12,40 Euro liegt. Und das bedeutet wiederum, dass der in Geldeinheiten ausgedrückte Nutzen, den die 151. Gütereinheit den Verbrauchern stiftet, 12,40 Euro beträgt.

Werden diese Zusammenhänge mit der Feststellung kombiniert, dass die Marktangebotsgerade mit den Grenzkosten der Produktion übereinstimmt, lassen sich damit Aussagen über den in Geldeinheiten ausgedrückten Gesamtnutzen für die Gesellschaft treffen.

In ⟶ Abb. 2.7 liegt das Marktgleichgewicht wie gewohnt bei x^* und p^*. Das könnten 150 Gütereinheiten sein und ein Preis von 12,50 Euro. Diese Kombination maximiert den Gesamtnutzen der Gesellschaft bzw. deren **Wohlfahrt**. Die Wohlfahrt ist ein abstraktes Konstrukt, das die Vorteilhaftigkeit misst, die sich für die Gesellschaft daraus ergibt, dass eine bestimmte Gütermenge von den einheimischen Unternehmen produziert und anschließend von den Verbrauchern konsumiert wird. Ziel ist es, diese Wohlfahrt zu maximieren.

Wird auf dem Markt nur die Gütermenge x_0 angeboten und konsumiert, erreicht die Gesellschaft nicht ihr Wohlfahrtsmaximum. Dies lässt sich wie folgt begründen:

- Die Menge $x_0 = 100$ ist geringer als x^*. Wegen des weiter oben erläuterten Gesetzes des abnehmenden Grenznutzens bedeutet dies, dass der Grenznutzen (GN), der mit dem Konsum der 100. Gütereinheit verbunden ist (GN_0 = GN der 100. Gütereinheit), höher ist als bei der Gütermenge x^* ($GN_0 > GN^*$).
- Wegen des ebenfalls weiter oben erläuterten Konzepts der steigenden Grenzkosten sind die Grenzkosten (GK), die bei der Herstellung der 100. Gütereinheit anfallen, geringer als die Grenzkosten der 150. Einheit ($GK_0 < GK^*$).

Wenn die Gesellschaft also lediglich 100 Einheiten des hier betroffenen Produkts herstellt und konsumiert, ist das noch nicht die wohlfahrtsmaximierende Gütermenge. Die Herstellung dieser Gütereinheit kostet weniger als 12,50 Euro (wegen $GK_0 < GK^*$), also z. B. 8,50 Euro. Der in Geldeinheiten ausgedrückte Grenznutzen der 100. Gütereinheit ist höher als bei der 150. Gütereinheit ($GN_0 > GN^*$), also z. B. 15,50 Euro. Die Herstellung der 100.

Gütereinheit bringt der Gesellschaft somit einen **Nettonutzen** von 15,50 Euro minus 8,50 Euro = 7,- Euro. Die Herstellung dieser Gütereinheit ist also aus Sicht der gesamten Volkswirtschaft sinnvoll.

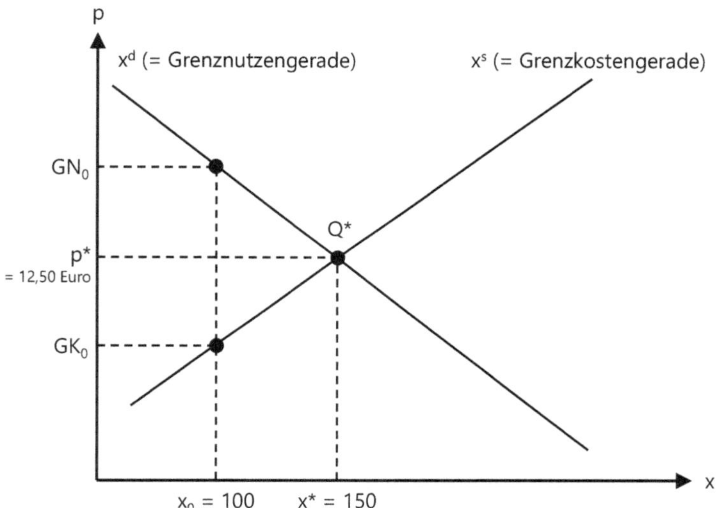

Abb. 2.7: Diese Abbildung zeigt, dass die Gesellschaft ihr Wohlfahrtsmaximum bei der Gütermenge erreicht, bei der die Grenzkosten mit dem in Geldeinheiten gemessenen Grenznutzen des betrachteten Produkts übereinstimmen. Ist der Grenznutzen einer bestimmten Gütermenge höher als deren Grenzkosten, kann die Gesellschaft ihre Wohlfahrt durch eine Steigerung der Gütermenge erhöhen.

Allerdings ist auch die weitere Ausweitung der Produktion ökonomisch betrachtet sinnvoll. Selbst wenn die nächste, also die 101., Gütereinheit einen etwas geringeren Grenznutzen stiftet (z. B. 15,25 Euro) und die Grenzkosten steigen (z. B. auf 8,75 Euro), resultiert daraus für die Gesellschaft als Ganzes immer noch ein Zuwachs des Nettonutzens in Höhe von 15,25 Euro minus 8,75 Euro = 6,50 Euro. Die Ausweitung der produzierten und anschließend konsumierten Gütermenge lohnt sich folglich immer dann, wenn die Grenzkosten der Produktion der nächsten Gütereinheit geringer sind als der gesamtgesellschaftliche Grenznutzen dieser Einheit.

Erst wenn das Marktgleichgewicht, bei dem die Grenzkosten der Produktion mit dem Grenznutzen übereinstimmen, erreicht ist, lohnt sich eine weitere Ausdehnung der Produktion nicht. Die 151. Gütereinheit hat höhere Grenzkosten als die zum Marktgleichgewicht gehörende Gütermenge (also

z. B. 12,60 Euro), stiftet aber einen geringeren Grenznutzen als x* (z. B. 12,40 Euro). Per Saldo reduziert die 151. Gütereinheit also die in Geldeinheiten ausgedrückte gesamtwirtschaftliche Wohlfahrt um 0,20 Euro – und daher ist ihre Produktion ökonomisch gesehen nicht sinnvoll.

Aus wohlfahrtstheoretischer Sicht bedeutet somit das Marktgleichgewicht, welches sich im Fall der vollständigen Konkurrenz einstellt, dass die Gesellschaft damit ihr Wohlfahrtsmaximum erreicht.

***espresso*-Wissen** | Die Bedingung für ein gesamtgesellschaftliches **Wohlfahrtsmaximum** verlangt, dass exakt die Gütermenge produziert und konsumiert wird, bei der die gesamtwirtschaftlichen Grenzkosten der Produktion mit dem gesamtgesellschaftlichen Grenznutzen übereinstimmen.

Jede Abweichung von dieser Gütermenge bedeutet, dass die gesamtgesellschaftliche Wohlfahrt geringer ausfällt als sie möglich wäre. Damit liegt ein **Marktversagen** vor. Für ein Marktversagen gibt es zahlreiche Ursachen. Hier soll auf zwei eingegangen werden: auf externe Effekte und auf öffentliche Güter.

2.5 Marktversagen und staatliche Handlungsoptionen

***espresso*-Wissenscheck** | https://narr.kwaest.io/s/1253

***espresso*-Keywords** | externe Effekte (negative und positive), privates Gut, öffentliches Gut (reines), fehlende Ausschlussmöglichkeiten, Preisinstrument, Steuerlösung, Zertifikatslösung, Subventionslösung, Mengeninstrumente, Höchstgrenzen, Höchstpreis, Mindestpreis

***espresso*-Wissen** | **Externe Effekte** liegen vor, wenn die privaten Kosten einer ökonomischen Entscheidung nicht mit den gesamtgesellschaftlichen bzw. sozialen Kosten dieser Entscheidung übereinstimmen oder wenn der private Nutzen der Entscheidung nicht mit dem sozialen Nutzen übereinstimmt.

Die privaten Kosten von ökonomischen Entscheidungen sind alle Kosten, die ein einzelnes Wirtschaftssubjekt trägt. Die sozialen Kosten sind hingegen die Kosten, die für die Gesellschaft – also die Summe aller Wirtschaftssubjekte – anfallen. Stimmen die privaten und die sozialen Kosten nicht überein, d. h. sind die sozialen Kosten höher als die privaten, liegen negative externe Effekte vor. Ein Beispiel für einen negativen externen Effekt ist die Umweltverschmutzung. Der private und der soziale Nutzen werden analog definiert. Ist der soziale Nutzen größer als der private, liegen positive externe Effekte vor. Ein Beispiel hierfür ist ein gepflegter Garten, an dem sich auch die Nachbarn des Eigentümers erfreuen und der den Imkern bei der Herstellung von Honig nutzt.

Eigeninteressierte Wirtschaftssubjekte berücksichtigen bei ihren Entscheidungen lediglich die privaten Kosten und den privaten Nutzen. Im Fall **negativer externer Effekte** berücksichtigen sie die sozialen Zusatzkosten ihres Handels nicht. Die Nichtberücksichtigung dieser Kosten führt zu einem Marktgleichgewicht, bei dem – aus gesamtwirtschaftlicher Sicht – ein zu großes Gütervolumen realisiert wird, was zu einem Wohlfahrtsverlust führt.

Graphisch lässt sich auch dies mit einem Preis-Mengen-Diagramm darstellen (→ Abb. 2.8). Angenommen wird wiederum ein Konsumgut mit einem positiven, aber abnehmenden Grenznutzen sowie mit steigenden Grenzkosten. Wegen der sozialen Zusatzkosten, die einen negativen externen Effekt ausmachen, ist zwischen den privaten Grenzkosten (GK^{priv}) und den sozialen Grenzkosten (GK^{soz}) zu unterscheiden. Die Differenz zwischen beiden Grenzkosten stellt einen negativen externen Effekt dar. Der private Grenznutzen stimmt annahmegemäß mit dem gesamtgesellschaftlichen Grenznutzen überein ($GN^{priv} = GN^{soz} = GN$).

Eigeninteressierte Individuen entscheiden sich für ein Konsumniveau, bei dem die privaten Grenzkosten mit dem privaten Grenznutzen übereinstimmen. Das aus diesem Entscheidungskalkül resultierende Konsumniveau ($x^{opt,\, priv}$) ist größer als das aus gesamtwirtschaftlicher Sicht optimale Niveau ($x^{opt,\, soz}$). Letzteres liegt dort, wo die gesamtwirtschaftlichen Grenzkosten genauso hoch sind wie der gesamtgesellschaftliche Grenznutzen (Q^*). Grund für diese Abweichung ist der Umstand, dass die Konsumenten einen Marktpreis (p') zahlen, der nicht alle gesamtwirtschaftlichen Kosten deckt. Dafür müsste der zu zahlende Preis bei p^* liegen.

Hier kommt es im Vergleich zum Marktgleichgewicht der vollständigen Konkurrenz ohne negative externe Effekte also zu einem Wohlfahrtsverlust.

Alle Mengeneinheiten zwischen $x^{opt, soz}$ und $x^{opt, priv}$ verursachen gesamtwirtschaftliche Grenzkosten, die höher sind als der gesamtgesellschaftliche Grenznutzen. Damit ist der gesellschaftliche Nettonutzen dieser Gütereinheiten negativ, und das schmälert den gesamtgesellschaftlichen Nutzen bzw. die Wohlfahrt der Gesellschaft.

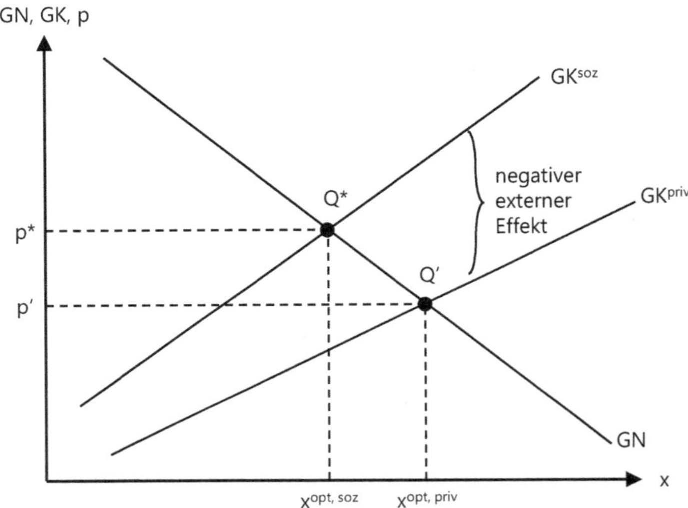

Abb. 2.8: Diese Abbildung zeigt, dass der Markt im Fall eines negativen externen Effekts zu einem Marktgleichgewicht führt, das sich – gemessen an den gesamtwirtschaftlichen Grenzkosten und dem Grenznutzen – durch eine zu große Gütermenge auszeichnet.

Ist der gesellschaftliche Nutzen (GN^{soz}) größer als der private Nutzen (GN^{priv}), liegt ein **positiver externer Effekt** vor. Auch bei ihm ist die von nutzenmaximierenden Individuen getroffene Entscheidung aus gesamtwirtschaftlicher Sicht nicht optimal. Da ein Individuum nicht alle Vorteile seiner Entscheidung für sich nutzen kann, wird ein aus gesamtwirtschaftlicher Sicht zu geringes Aktivitätsniveau gewählt ($x^{opt, priv} < x^{opt, soz}$, → Abb. 2.9).

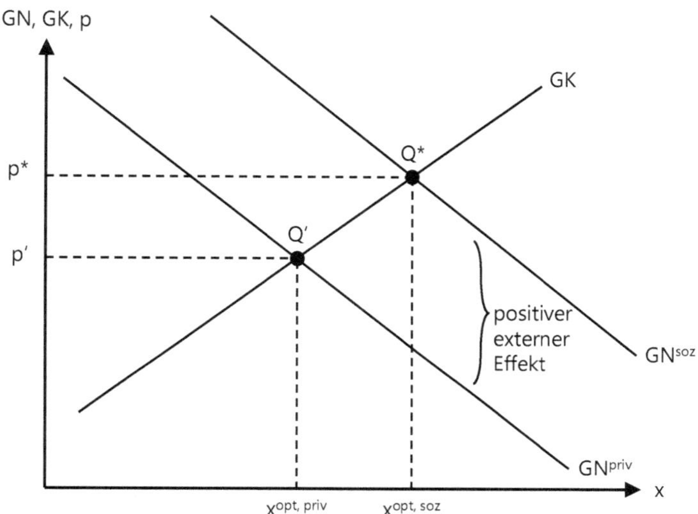

Abb. 2.9: Diese Abbildung zeigt, dass der Markt im Fall eines positiven externen Effekts zu einem Marktgleichgewicht führt, das sich – gemessen an den gesamtwirtschaftlichen Grenzkosten und dem Grenznutzen – durch eine zu kleine Gütermenge auszeichnet.

Die zweite hier skizzierte Form des Marktversagens sind öffentliche Güter. Im Fall eines funktionierenden Markts werden private Güter produziert und konsumiert. Ein **privates Gut** zeichnet sich vor allem dadurch aus, dass eine Rivalität im Konsum besteht. Das bedeutet, dass der Konsum einer Gütereinheit durch eine Person alle anderen Personen vom Konsum dieser Gütereinheit ausschließt. Beispiele hierfür sind Nahrungsmittel – wenn Person A einen Apfel isst, kann Person B diesen nicht mehr essen.

***espresso*-Wissen** | Ein **öffentliches Gut** zeichnet sich im Wesentlichen dadurch aus, dass keine Rivalität im Konsum besteht, d. h., dass der Konsum durch eine Person nicht alle anderen Personen vom Konsum dieser Gütereinheit ausschließt. Beispiele sind Radio- und Fernsehsendungen, Straßenlaternen und die militärische Verteidigung.

Ein **reines öffentliches Gut** ist darüber hinaus dadurch charakterisiert, dass keine Person vom Konsum dieses Guts ausgeschlossen werden kann – entweder weil der Ausschluss technisch nicht möglich ist (Sonnenlicht) oder weil er mit so hohen Kosten verbunden ist, dass er nicht zweckmäßig ist (Landstraßen).

Wegen der **fehlenden Ausschlussmöglichkeit** werden öffentliche Güter nicht auf einem Markt gehandelt, was sich wie folgt erklären lässt: Jeder potenzielle Konsument steht vor der Entscheidung, entweder seine Präferenzen bezüglich der Bereitstellung eines öffentlichen Guts offen zu legen und sich an dessen Finanzierung zu beteiligen oder die Präferenzen zu verbergen. Im zweiten Fall beteiligt sich die Person nicht an der Finanzierung und hofft, dass andere Personen das öffentliche Gut finanzieren, ohne die nicht zahlenden Personen anschließend von dessen Nutzung ausschließen zu können. Hieraus ergibt sich folgende Bewertung unterschiedlicher gesamtwirtschaftlicher Resultate:

- Die individuell beste Lösung ist die Bereitstellung des Guts und Finanzierung durch andere. Die Person kann das öffentliche Gut nutzen, ohne dafür bezahlen zu müssen.
- Die zweitbeste Lösung ist die Finanzierung durch alle Beteiligten. Die Person kann das öffentliche Gut nutzen, muss es aber nicht alleine bezahlen.
- Die drittbeste besteht aus dem Verzicht auf das Gut.
- Die schlechteste Situation, die sich für eine Person einstellen kann, besteht aus der alleinigen Finanzierung des öffentlichen Guts, das dann auch von denen genutzt werden kann, die sich an der Finanzierung nicht beteiligt haben.

Um die schlechteste Situation zu vermeiden, ist es aus Sicht einer Einzelperson am sinnvollsten bzw. rational, die wahren Präferenzen zu verheimlichen. Dieses Entscheidungskalkül gilt jedoch für alle Mitglieder der Gesellschaft. Und wenn sich alle Personen so verhalten, ist niemand bereit, für die Bereitstellung eines öffentlichen Guts irgendetwas zu bezahlen. Im Ergebnis führt das individuell rationale Verhalten im Fall öffentlicher Güter also dazu, dass dieses Gut von keinem Unternehmen angeboten wird, weil sich kein Konsument findet, der bereit ist, etwas für das Angebot dieses Guts zu bezahlen.

Die beiden skizzierten Formen eines Marktversagens lassen sich durch eine staatliche Intervention heilen. Hier sind verschiedene wirtschaftspolitische Maßnahmen denkbar.

Bei externen Effekten stehen dem Staat zwei grundsätzliche wirtschaftspolitische Instrumente zur Verfügung, nämlich Preis- und Mengeninstrumente.

Bei **Preisinstrumenten** setzt der Staat auf die Wirksamkeit von preislichen Anreizen. Im Falle eines negativen externen Effekts kann der Staat den Preis für die entsprechende wirtschaftliche Aktivität erhöhen, indem er diese Aktivität mit einer Mengensteuer belegt (**Steuerlösung**). Sie erhöht den Preis, den z. B. die Konsumenten für den Kauf von emissionsverursachenden Produkten bezahlen müssen. Im Idealfall ist die Steuer genau so hoch wie der in Geldeinheiten bewertete negative externe Effekt – wenn jede Tonne CO_2 gesellschaftliche Zusatzkosten in Höhe von 100,- Euro verursacht, wird der Ausstoß einer Tonne CO_2 mit einer Mengensteuer in Höhe von 100,- Euro belegt. Die privaten Grenzkosten stimmen dann mit den gesamtwirtschaftlichen Grenzkosten überein. Bezogen auf ⟶ Abb. 2.8 bedeutet dies: Die Mengensteuer (t für Tax) ist so hoch, dass gilt: Marktpreis + t = p*.

Denkbar ist auch, dass wirtschaftliche Aktivitäten mit einem negativen externen Effekt nur zulässig sind, wenn die wirtschaftlichen Akteure dafür ein Erlaubniszertifikat erwerben (**Zertifikatslösung**). Im Fall von Treibhausgasemissionen legt der Staat das aus gesamtwirtschaftlicher Sicht optimale Emissionsvolumen $x^{opt, soz}$ fest (z. B. 600 Millionen Tonnen CO_2 pro Jahr) und stellt Emissionszertifikate im Ausmaß dieses Volumens bereit. Damit ist garantiert, dass nicht mehr als 600 Millionen Tonnen CO_2 ausgestoßen werden. Der Gleichgewichtspreis, der sich bei der Versteigerung dieser Zertifikate einstellt, entspricht wiederum dem in Geldeinheiten bewerteten negativen externen Effekt. Im weiter oben beschriebenen Fall von CO_2-Emissionen müsste also für jedes Zertifikat, das einen Ausstoß von einer Tonne CO_2 erlaubt, ein Zertifikatspreis von 100,- Euro bezahlt werden.

Bei einem positiven externen Effekt zahlt der Staat denjenigen, die entsprechende Maßnahmen durchführen, einen Geldbetrag (**Subventionslösung**). Damit erhöht er den finanziellen Anreiz, diese Maßnahmen durchzuführen. Im Idealfall ist die staatliche Subvention genauso hoch wie der monetäre Wert des gesellschaftlichen Zusatznutzens. Damit stimmt der private Grenznutzen mit dem gesamtgesellschaftlichen Grenznutzen überein. Denkbar ist auch, dass der Staat Produkte mit einem positiven externen Effekt selbst anbietet und dafür einen Preis fordert, der unter den anfallenden Produktionskosten liegt. Dies ähnelt der Subventionslösung, weil der Staat die Differenz zwischen dem Verkaufspreis und den höheren Produktionskosten durch Steuern und andere staatliche Einnahmen deckt.

Falls der Staat mit **Mengeninstrumenten** an Stelle von preislichen Instrumenten arbeitet, ergreift er ordnungspolitische Maßnahmen. Bei einem negativen externen Effekt setzt er **Höchstgrenzen** für die entsprechenden Aktivitäten fest. Im Fall von Treibhausgasemissionen ist beispielsweise eine Vorgabe denkbar, nach der die Pkws eines Automobilherstellers im Durchschnitt maximal 95 Gramm CO_2 je zurückgelegten Kilometer ausstoßen dürfen. Bei einem positiven externen Effekt gibt der Staat hingegen eine Mindestmenge vor, also z. B. eine mindestens 10-jährige Schulpflicht oder eine Impfpflicht für alle Bürger.

Im Fall von öffentlichen Gütern eignen sich preisliche Instrumente wegen der fehlenden Ausschlussmöglichkeit nicht. Sofern die Gesellschaft als Ganzes dennoch ein öffentliches Gut nutzen will, muss dieses vom Staat bereitgestellt werden. Der Staat kann dafür entweder mit eigenen Unternehmen arbeiten, die das öffentliche Gut bereitstellen, oder er beauftragt private Unternehmen mit der Herstellung des öffentlichen Guts. Die Finanzierung erfolgt über Steuern. Beispiele sind die nationale Verteidigung und die innere Sicherheit (also vor allem Polizei und das Justizwesen), die staatlich angeboten und durch Steuern finanziert werden.

Die skizzierten staatlichen Eingriffe in die Marktwirtschaft heilen ein Marktversagen und bewirken so eine Wohlfahrtssteigerung. Es gibt aber auch Markteingriffe, die nicht aus Wohlfahrtsgründen durchgeführt werden. Ein Beispiel dafür sind Höchst- und Mindestpreise. Sie sind beide sozialpolitisch motiviert.

***espresso*-Wissen** | Ein **Höchstpreis** ist ein gesetzlich festgelegter Preis, der unter dem Gleichgewichtspreis liegt, der sich auf dem Markt ohne diesen Markteingriff ergeben würde. Ein Höchstpreis darf unterschritten, aber nicht überschritten werden.

Ziel des Höchstpreises ist es, die Konsumenten vor zu hohen Preisen zu schützen. Zu hohe Preise könnten sich z. B. einstellen, wenn infolge einer Missernte oder einer Naturkatastrophe die Nahrungsmittelproduktion einbricht. Auch ein rascher Anstieg der Nachfrage bei Gütern, deren Produktion längere Zeit in Anspruch nimmt (z. B. Wohnraum), kann Auslöser für die Einführung eines Höchstpreises sein. Im Fall des Wohnraums handelt es sich um eine **Höchstmiete** bzw. einen Mietdeckel.

Der Höchstpreis (p_H) hat zur Folge, dass die Gesamtheit aller privaten Haushalte wegen des geringeren Preises eine relativ große Menge x^d_H nachfragt (→ Abbildung 2.10). Die Unternehmen bieten wegen des geringen Preises jedoch nur die Menge x^s_H an. Das Marktgleichgewicht Q_H wird durch die angebotene Menge der Unternehmen determiniert. Es kommt also zu einem Nachfrageüberhang. Da der Höchstpreis nicht überschritten werden darf, kann der Nachfrageüberhang nicht durch eine Preissteigerung abgebaut werden, sodass der Nachfrageüberhang dauerhaft ist. Das bedeutet, dass nicht alle Nachfrager zum Zuge kommen und das betreffende Gut erwerben können. Die Konsumenten haben daher einen Anreiz, den Höchstpreis zu umgehen, indem sich beispielsweise ein Schwarzmarkt für das betreffende Gut bildet oder andere Zahlungsformen gewählt werden, z. B. Bestechungsgelder oder überhöhte Abstandszahlungen im Fall von Höchstmieten.

Die Tatsache, dass der Höchstpreis nicht gesteigert werden darf, hat zudem zur Folge, dass es für die Anbieter keinen Anreiz gibt, das Angebot auszuweiten. Ein Abbau des Nachfrageüberhangs durch eine Ausweitung des Angebots erfolgt daher nur, wenn der Staat die Anbieter subventioniert oder selbst als Anbieter auftritt. Ein Markteingriff des Staates in Form eines Höchstpreises zieht daher weitere Markteingriffe nach sich.

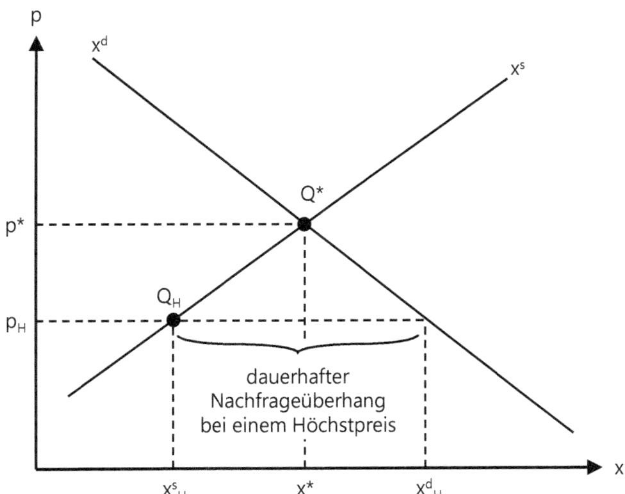

Abb. 2.10: Diese Abbildung zeigt, dass es im Fall eines Höchstpreises zu einem dauerhaften Nachfrageüberhang kommt. Die Gesamtheit aller Unternehmen bietet wegen des geringen Preises eine Menge an, die kleiner ist als die von den Verbrauchern zu diesem Preis nachgefragte Menge.

***espresso*-Wissen** | Ein **Mindestpreis** ist ein gesetzlich festgelegter Preis, der über dem Gleichgewichtspreis liegt, der sich auf dem Markt ohne diesen Markteingriff ergeben würde. Ein Mindestpreis darf überschritten, aber nicht unterschritten werden.

Ziel des Mindestpreises ist es, die Verkaufserlöse und damit auch das Einkommen der Anbieter zu steigern und/oder einen kostendeckenden Preis zu sichern.

Bei vollständiger Konkurrenz führt der Mindestpreis zu einem Angebotsüberschuss, denn bei einem hohen Preis werden von den Unternehmen viele Mengeneinheiten des Produkts angeboten, aber nur wenig von den privaten Haushalten nachgefragt.

Da der Mindestpreis nicht unterschritten werden darf, kann der Angebotsüberschuss nicht durch eine Preissenkung abgebaut werden. Der Angebotsüberschuss ist daher dauerhaft. Damit werden flankierende Maßnahmen notwendig, z. B. der Aufkauf der Überschussmengen durch den Staat oder die Subventionierung des Exports zur Steigerung des Absatzes im Ausland. Denkbar ist auch eine staatlich verordnete Produktionsbeschränkung, die das Entstehen von Angebotsüberschüssen verhindert. Für die Konsumenten bedeutet der Mindestpreis, dass sie im Vergleich zur vollständigen Konkurrenz ohne einen staatlichen Eingriff einen höheren Marktpreis zahlen müssen und eine geringere Gütermenge konsumieren. Für die Steuerzahler bedeutet der Mindestpreis, dass Steuermittel für den Aufkauf des Angebotsüberschusses und dessen Lagerung bzw. für die Exportsubventionierung aufgebracht werden müssen. Dies verlangt entweder höhere Steuern als im Fall ohne einen Mindestpreis oder den Verzicht auf andere staatliche Ausgaben. Ein staatlicher Markteingriff in Form eines Mindestpreises zieht daher ebenfalls weitere Markteingriffe nach sich.

3 Grundlagen der Makroökonomie

espresso-Warm-up

In der Makroökonomie werden nicht mehr zahlreiche Märkte für einzelne Güter betrachtet, sondern nur noch wenige Märkte und deren Interdependenzen. Um die ohnehin schon komplizierten ökonomischen Zusammenhänge besser zu verstehen, wird mit der Analyse eines Markts – dem gesamtwirtschaftlichen Gütermarkt – begonnen. Hier wird ein Universalgut angeboten und nachgefragt, das sowohl für Konsumzwecke als auch für Investitionszwecke genutzt werden kann. Das Preisniveau ist dabei konstant. Es gibt in diesem sehr einfachen Grundmodell nur drei Arten von Wirtschaftsakteuren – die privaten Haushalte, die Unternehmen und den Staat. In diesem Gütermarktmodell geht es um die Frage, welche Bedingungen erfüllt sein müssen, damit die von allen Akteuren nachgefragte Gütermenge genauso groß ist wie die von allen Unternehmen hergestellte und angebotene Gütermenge. Die Investitionen der Unternehmen hängen dabei von der Höhe des Zinssatzes ab. Unter diesen Annahmen müssen bestimmte Zusammenhänge zwischen der Höhe der hergestellten Gütermenge – also dem Bruttoinlandsprodukt bzw. kürzer dem Inlandsprodukts oder auch Volkseinkommen – und dem Zinssatz erfüllt sein, damit der Gütermarkt im Gleichgewicht ist. Welche dies sind, wird im ersten Abschnitt erläutert.

Der zweite Abschnitt setzt sich mit dem Geldmarkt einer Volkswirtschaft auseinander. Hier wird gezeigt, welche Bedingungen erfüllt sein müssen, damit das Geldangebot der Zentralbank genauso hoch ist wie die von allen Wirtschaftsakteuren nachgefragte Geldmenge. So wie auch beim Gütermarkt müssen dafür bestimmte Zusammenhänge zwischen dem Volkseinkommen und dem Zinssatz erfüllt sein.

Im dritten Abschnitt wird untersucht, welche Bedingungen gelten müssen, damit der Güter- und der Geldmarkt gleichzeitig ihr Gleichgewicht erreichen. Es wird sich zeigen, dass es nur eine einzige Kombination von Volkseinkommen und Zinssatz gibt, bei der dies der Fall ist. Bei jeder anderen Kombination von Volkseinkommen und Zinssatz ist mindestens einer der beiden Märkte im Ungleichgewicht. Ist das simultane Gleichgewicht von Güter- und Geldmarkt erreicht, lässt sich in einem nächsten Schritt analysieren, ob und wie staatliche Maßnahmen dafür sorgen können, dass das Volkseinkommen gesteigert werden kann. Zentrale Maßnahmen dafür sind eine expansive Geldpolitik und eine expansive Fiskalpolitik. Was das bedeutet, wird ebenfalls im dritten Abschnitt erklärt.

Der vierte Abschnitt gibt einen groben Einblick in zentrale makroökonomische Modellerweiterungen. Zu ihnen gehören die Berücksichtigung von außenwirtschaftlichen Aktivitäten, also vor allem von Güterexporten und -importen, die Einfügung des Arbeitsmarkts und die Flexibilisierung des gesamtwirtschaftlichen Preisniveaus.

3.1 Das Gütermarktgleichgewicht bei fixen Preisen

***espresso*-Wissenscheck** | https://narr.kwaest.io/s/1254

***espresso*-Keywords** | Gütermarkt, Bruttoinlandsprodukt, Inlandsprinzip, Inländerprinzip, Bruttonationaleinkommen, Volkseinkommen, Preisniveau, Gütermarktgleichgewicht, I=S-Bedingung, Basiskonsum, marginale Konsumneigung, fundamental psychologisches Gesetz, marginale Sparquote, Investitionsnachfrage, Rendite (erwartete), Zinssatz, IS-Gerade, unternehmerische Erwartungen, Investitionsfalle, Staatsausgaben, Investitionsmultiplikator, Staatsausgabenmultiplikator

In der Makroökonomie geht es um gesamtwirtschaftliche Märkte und deren Gleichgewichte. Der Gütermarkt ist einer dieser Märkte. Der **Gütermarkt** betrifft den Austausch von Sachgütern und Dienstleistungen – kurz Güter. Während es in mikroökonomischen Analysen um verschiedene Gütermärkte mit unterschiedlichen Produkten geht, wird in der Makroökonomie aus Vereinfachungsgründen mit nur einem Universalgut gearbeitet. Dieses kann sowohl von den privaten Haushalten für Konsumzwecke als auch von den Unternehmen für Investitionszwecke verwendet werden.

Aha!

***espresso*-Verständnis** | Ein zentrales Untersuchungsobjekt der Makroökonomie ist das **Bruttoinlandsprodukt** (BIP). Es entspricht dem Wert aller Güter, die in einem Land innerhalb eines Jahres hergestellt werden. Das BIP basiert somit auf im **Inlandsprinzip** – entscheidend sind die wirtschaftlichen Aktivitäten, die im Inland stattfinden. Davon zu unterscheiden ist das **Inländerprinzip**. Inländer sind alle Privatpersonen, die ihren Wohnsitz im Inland haben, sowie alle Unternehmen, die ihren Standort im Inland haben. Beim Inländerprinzip geht es um die wirtschaftlichen Aktivitäten aller Inländer – egal, ob sie diese Aktivitäten im In- oder im Ausland durchführen. Dieses Prinzip wird bei der Berechnung der gesamtwirtschaftlichen Einkommenshöhe berücksichtig. Werden zum BIP die Einkommen hinzugezählt, die die Inländer aus dem Ausland beziehen (also z. B. das Arbeitseinkommen, das eine Person erhält, die in Deutschland wohnt, aber in Dänemark arbeitet) und die Einkommen, die das Inland an Ausländer zahlt (also z. B. das Arbeitseinkommen, das eine Person verdient, die in Dänemark wohnt, aber in Deutschland arbeitet) abgezogen, so stellt diese Größe das **Bruttonationaleinkommen** (BNE) dar. Werden vom BIP bzw. vom BNE die Abschreibungen abgezogen, so stellen diese Größen das Nettoinlandsprodukt (NIP) bzw. das Nettonationaleinkommen (NNE) dar. Wenn anschließend die Differenz zwischen den indirekten Steuern und den vom Staat geleisteten Subventionen vom NIP bzw. vom NNE abgezogen werden, resultieren daraus das Nettoinlandsprodukt zu Faktorkosten bzw. das Nettonationaleinkommen zu Faktorkosten. Das Nettonationaleinkommen zu Faktorkosten wird auch **Volkseinkommen** genannt.

Die Verwendung dieser sechs Einkommensgrößen würde die ökonomische Analyse außerordentlich kompliziert werden lassen. Da jedoch in der Realität der Unterschied zwischen der Höhe des BIP und des BNE sehr gering ist, entfällt diese Unterscheidung in der makroökonomischen Analyse. Wird zudem davon ausgegangen, dass es keine Abschreibungen, keine indirekten Steuern (dies sind vor allem Verbrauchssteuern, wie z. B. die Umsatzsteuer) und auch keine Subventionen gibt, hat das die Konsequenz, dass alle sechs genannten Einkommensgrößen identisch sind. Die Begriffe Volkseinkommen, Inlandsprodukt oder Nationaleinkommen sind daher allesamt gleichbedeutend und werden hier synonym verwendet. Im Folgenden wird für alle diese Größen das Symbol Y verwendet.

***espresso*-Wissen** | In der makroökonomischen Analyse werden nicht mehr die Preise für einzelne Produkte betrachtet, sondern alle Preise für Waren und Dienstleistungen in einer Volkswirtschaft. Betrachtet wird somit das gesamtwirtschaftliche Preisniveau. Das **Preisniveau** gibt den gewichteten Durchschnitt aller Waren- und Dienstleistungspreise einer Volkswirtschaft an. Wird das Preisniveau auf eins gesetzt, stimmen nominale und reale makroökonomische Größen überein. In den nachfolgenden Ausführungen wird diese Annahme getroffen, sodass nicht explizit zwischen Real- und Nominalgrößen unterschieden werden muss.

In der kurzfristigen makroökonomischen Analyse wird davon ausgegangen, dass das Preisniveau konstant ist. Das bedeutet, dass z. B. ein Angebotsüberschuss auf dem Gütermarkt nicht durch eine Preissenkung abgebaut werden kann. Stattdessen passen sich die Unternehmen an die zu geringe Nachfrage an und reduzieren ihr Güterangebot. Das ist ein zentraler Unterschied im Vergleich zu mikroökonomischen Modellen. Diese Annahme wird in weiterentwickelten Modellen aufgehoben – was die ökonomische Analyse dann aber auch komplizierter macht.

Das realisierte Inlandsprodukt (Y) entspricht der Gütermenge, die von der Gesamtheit aller Unternehmen hergestellt und angeboten wird (Y^s mit s für *supply*). Für die Güternachfrage (Y^d mit d für *demand*) gibt es verschiedene Nachfragekomponenten. Zwei von ihnen sind die Konsumnachfrage der privaten Haushalte (C für *consumption*) und die Investitionen der Unternehmen (I). Investitionen erhöhen die Produktionsmöglichkeiten der Unternehmen und damit der gesamten Volkswirtschaft. Ein erstes, einfaches **Gütermarktgleichgewicht** liegt somit vor, wenn folgende Bedingung erfüllt ist: $Y^d = C + I = Y^S = Y$.

Das Gütermarktgleichgewicht lässt sich auch durch eine alternative Bedingung darstellen. Das Inlandsprodukt kann unter den genannten einfachen Annahmen für Konsum- und Investitionszwecke verwendet werden. Somit gilt: $Y = C + I$. Das Volkseinkommen kann von den Haushalten entweder für den Kauf von Konsumgütern verwendet oder gespart werden. Daher gilt: $Y = C + S$, wobei S für die gesamtwirtschaftlichen Ersparnisse steht. Da das Inlandsprodukt und das Volkseinkommen annahmegemäß identisch sind, gilt: C + I = C + S. Wird der private Konsum auf beiden Seiten abgezogen, ergibt sich I = S.

***espresso*-Wissen** | Der Gütermarkt ist im Gleichgewicht, wenn die gesamtwirtschaftlichen Investitionen (I) mit den gesamtwirtschaftlichen Ersparnissen (S) übereinstimmen. Dies wird als **I=S-Bedingung** bezeichnet.

Ökonomisch lässt sich diese Gütermarktgleichgewichtsbedingung wie folgt erklären: Ersparnisse bedeuten, dass die Geldbeträge, die den Ersparnissen entsprechen, nicht mehr für eine Güternachfrage seitens der privaten Haushalte zur Verfügung stehen. Ersparnisse stellen daher einen Nachfrageausfall auf dem Gütermarkt dar. Dadurch entsteht auf dem Gütermarkt ein Angebotsüberschuss. Damit dieser bei einem konstanten gesamtwirtschaftlichen Preisniveau abgebaut wird, bedarf es einer zusätzlichen Nachfragekomponente. Sie besteht aus der Investitionsgüternachfrage der Unternehmen. Weil es in den makroökonomischen Grundmodellen nur ein Universalgut gibt, welches sowohl für Konsum- als auch Investitionszwecke verwendet werden kann, lässt sich die Mindernachfrage nach Konsumgütern durch die Mehrnachfrage nach Investitionsgütern ausgleichen.

Wenn die gesamtwirtschaftlichen Ersparnisse und Investitionen jedoch nicht übereinstimmen, entsteht auf dem Gütermarkt ein Ungleichgewicht.

- Bei **S > I** ist der Nachfrageausfall auf Seiten der privaten Haushalte größer als die zusätzliche Güternachfrage der Unternehmen. Auf dem Gütermarkt herrscht folglich ein **Angebotsüberschuss**.
- Bei **S < I** ist die zusätzliche Güternachfrage der Unternehmen größer als der Nachfrageausfall, der aus der Bildung von Ersparnissen resultiert. Auf dem Gütermarkt gibt es somit einen **Nachfrageüberhang**.

Die Konsumnachfrage der privaten Haushalte lässt sich weiter präzisieren. Zwei Komponenten sind dabei zu berücksichtigen. Zunächst einmal gibt es einen **Basiskonsum** (B), den die privaten Haushalte in jedem Fall benötigen. Er stellt somit eine Art Existenzminimum dar. Selbst wenn ein Haushalt über kein Einkommen verfügt, benötigt er Konsumgüter im Wert des Basiskonsums. Dies gilt auch für die Volkswirtschaft als Ganzes bzw. für die Gesamtheit aller privaten Haushalte. Darüber hinaus gibt es einen einkommensabhängigen Konsum. Eine Steigerung des Volkseinkommens führt dabei zu einer Steigerung der Konsumausgaben.

***espresso*-Wissen** | **John Maynard Keynes** (1883–1946) ist einer der einflussreichsten Ökonomen des 20. Jahrhunderts. Er kritisierte die bis dahin gängigen volkswirtschaftlichen Theorien, nach denen die Märkte – und dazu gehört auch der Arbeitsmarkt – bei flexiblen Preisen automatisch zu einem Gleichgewicht tendieren. So ging Keynes beispielsweise davon aus, dass sich eine Arbeitslosigkeit nicht notwendigerweise durch Lohnreduzierungen abbauen lässt, weil geringere Löhne die Kaufkraft der Beschäftigten schmälern und diese daher weniger Konsumgüter nachfragen. Die daraus resultierende sinkende Güternachfrage führt in den Unternehmen zu Produktionsreduzierungen, was einen geringeren Arbeitskräftebedarf nach sich zieht und die Arbeitslosigkeit sogar noch erhöht. Auch die Annahme vollkommen flexibler Preise wurde von Keynes in Frage gestellt, weil Preise – und das gilt auch für den Lohn als Preis für den Produktionsfaktor Arbeit – häufig nach unten hin starr sind, also nicht sinken. Die auf seinen Überlegungen basierenden theoretischen Modelle werden als **Keynesianismus** bzw. keynesianische Makroökonomie bezeichnet.

Eine zentrale Annahme der keynesianischen Makroökonomie ist, dass die privaten Haushalte Einkommenszuwächse nicht vollständig für Konsumzwecke verwenden. Ein Teil dieses Einkommens wird gespart. Von einem zusätzlichen Euro Volkseinkommen werden also z. B. nur 80 Prozent konsumiert und 20 Prozent gespart. Der prozentuale Anteil des Volkseinkommens, der für Konsumzwecke verwendet wird, wird als **marginale Konsumneigung** bezeichnet. Die marginale Konsumneigung (c) ist positiv, aber geringer als 100 Prozent, d. h. es gilt: $0 < c < 1$. Die gesamtwirtschaftliche Konsumgüternachfrage lautet somit wie folgt: $C = B + c \cdot Y$.

***espresso*-Wissen** | Der Umstand, dass eine Erhöhung des Einkommens nur zu einer unterproportionalen Erhöhung der Konsumausgaben führt und die marginale Konsumneigung somit kleiner als eins ist, wird als **fundamental psychologisches Gesetz** bezeichnet.

Aus der Konsumnachfrage der privaten Haushalte lässt sich das Sparverhalten ableiten. Da die privaten Haushalte ihr Einkommen annahmegemäß nur für Konsumzwecke oder die Ersparnisbildung verwenden können, gilt: $Y = C + S$. Wird vom Basiskonsum abgesehen, lassen sich die Ersparnisse wie folgt berechnen: $S = Y - C = Y - c \cdot Y = (1 - c) \cdot Y$. Da die marginale Konsumneigung (c) zwischen null und eins liegt, liegt auch der Ausdruck (1 – c) zwischen null und eins. Der Ausdruck (1 – c) entspricht der **marginalen Sparquote** (s). Die gesamtwirtschaftliche Sparfunktion lautet somit $S = s \cdot Y$ mit $0 < s < 1$, d. h. mit einem Anstieg des Volkseinkommens nehmen auch die gesamtwirtschaftlichen Ersparnisse zu. Zudem gilt: $c + s = 1$.

Bezüglich der Investitionsgüternachfrage bzw. kürzer der **Investitionsnachfrage** der Unternehmen wird folgendes Investitionsverhalten angenommen: Es gibt in jedem Jahr eine Reihe von Investitionsprojekten, die unterschiedliche **erwartete Renditen** abwerfen. Die Höhe der erwarteten Rendite hängt von zwei zentralen Größen ab: Von der Technologie sowie der damit verbundenen Produktivität und von den Absatzerwartungen der Unternehmen.

Die Entscheidung, welche Investitionsprojekte tatsächlich durchgeführt werden, hängt maßgeblich vom herrschenden Marktzinssatz ab. Vereinfachend wird davon ausgegangen, dass der Zinssatz für Kredite mit dem Zinssatz für Guthaben identisch ist. Daher gibt es nur einen Marktzinssatz bzw. kürzer nur einen **Zinssatz** (i für *interest rate*). Um zu entscheiden, ob ein Investitionsprojekt durchgeführt werden soll oder nicht, vergleicht der potenzielle Investor den Zinssatz mit seiner erwarteten Rendite:

- Wenn der Zinssatz geringer ist als die erwartete Rendite, ist das Investitionsprojekt lohnend und wird daher durchgeführt.
- Bei einem Zinssatz, der höher ist als die erwartete Rendite, lohnt sich die Investition nicht.
- Stimmt die erwartete Rendite mit dem Zinssatz überein, ist der Investor indifferent. In diesem Fall wird die Annahme getroffen, dass die Investition durchgeführt wird.

Diese Überlegungen gelten unabhängig davon, ob der Investor das Projekt mit Eigenkapital oder Fremdkapital finanziert:

- Wenn der Investor über 50.000 Euro für ein entsprechendes Investitionsprojekt mit einer erwarteten Rendite von 10 % verfügt und der Zinssatz bei 8 % liegt, ist die Durchführung der Investition lohnend. Das mit der Investition verbundene jährliche Einkommen beträgt 5.000 Euro (10 % auf 50.000 Euro). Eine Geldanlage führt hingegen nur zu einem jährlichen Zinseinkommen in Höhe von 4.000 Euro.

- Auch wenn der Investor nicht über die 50.000 Euro für das Investitionsprojekt verfügt, ist diese Investition bei einem Zinssatz von 8 % lohnend: Der Investor leiht sich das Geld und muss dafür jährlich 4.000 Euro Zinsen zahlen. Er erzielt jedoch jedes Jahr eine Rendite in Höhe von 5.000 Euro, was ihm einen Nettoertrag in Höhe von 1.000 Euro bringt.

Die Höhe der gesamtwirtschaftlichen Investitionsnachfrage hängt somit von der Höhe des Zinssatzes ab. Bei einem hohen Zinssatz werden nur sehr wenige Investitionsprojekte durchgeführt. Wenn der Zinssatz sinkt, werden auch Projekte lohnend, die dies bei einem höheren Zins nicht sind. Die gesamtwirtschaftliche zinsabhängige Investitionsfunktion lautet daher $I = I(i)$. Die erste Ableitung dieser Funktion nach dem Zinssatz i ist negativ, d. h. ein Anstieg des Zinssatzes führt zu einem Rückgang der Investitionsgüternachfrage.

Aus den bisherigen Ausführungen lässt sich ein einfaches Gütermarktmodell mit vier Gleichungen erstellen.

(1) $Y^d = Y^s = Y$
(2) $Y^d = C + I$
(3) $C = B + c \cdot Y$
(4) $I = I(i)$

Werden die Gleichungen (3) und (4) in Gleichung (2) eingesetzt, folgt daraus:

(5) $Y = B + c \cdot Y + I(i)$ bzw. $Y - c \cdot Y = B + I(i)$ bzw. $(1 - c) \cdot Y = B + I(i)$

Aus der Auflösung von Gleichung (5) nach Y ergibt sich für die Berechnung des gleichgewichtigen Volkseinkommens Y*, bei dem der Gütermarkt im Gleichgewicht ist, folgende Bestimmungsgleichung:

(6) $Y^* = \frac{1}{1-c} \cdot [B + I(i)]$

Die Größen B und c sind dabei gegeben und konstant. Diese Gleichung hat somit zwei Unbekannte: das Gleichgewichtseinkommen Y* und den gleichgewichtigen Zinssatz i*. Eine Gleichung mit zwei Unbekannten hat keine eindeutige Lösung. Stattdessen gibt es zahlreichen Kombinationen von Volkseinkommen und Zinssatz, die diese Gleichgewichtsbedingung erfüllen.

Grafisch lassen sich die Kombinationen aus Volkseinkommen und Zinssatz, die zu einem Gütermarktgleichgewicht führen, mit Hilfe der I=S-Bedingung finden.

- Wenn der Zinssatz hoch ist (i_0 in ⟶ Abb. 3.1), sind die zinsabhängigen Investitionen der Unternehmen gering. Ein Gütermarktgleichgewicht verlangt nach der I=S-Bedingung, dass die Ersparnisse bei geringen Investitionen ebenfalls gering sind. Da die Höhe der Ersparnisse in positiver Weise von der Höhe des Volkseinkommens abhängt, sind die Ersparnisse nur dann gering, wenn auch das Volkseinkommen gering ist. Für ein Gleichgewicht auf dem Gütermarkt muss deshalb bei einem hohen Zinssatz (i_0) das Volkseinkommen bzw. Inlandsprodukt gering sein (Y_0).
- Wenn der Zinssatz hingegen gering ist (i_1), ist die Investitionsnachfrage hoch. Hohe Investitionen verlangen nach der I=S-Bedingung hohe Ersparnisse. Hohe Ersparnisse setzen wiederum ein hohes Volkseinkommen voraus. Bei einem niedrigen Zinssatz (i_1) muss das Volkseinkommen daher hoch sein (Y_1), damit ein Gleichgewicht auf dem Gütermarkt erreicht wird.

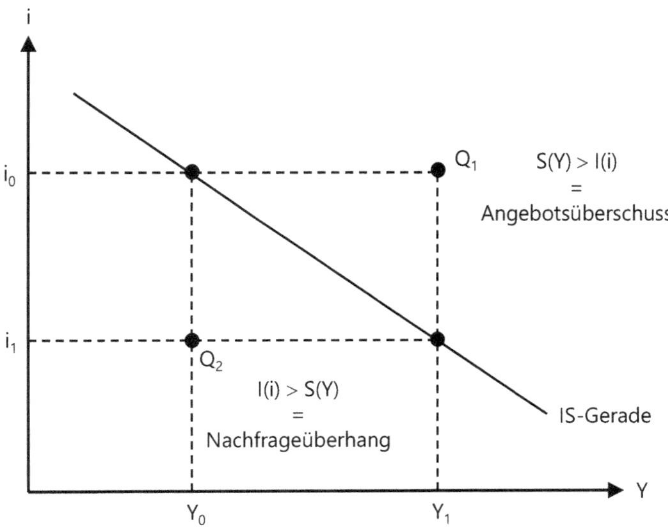

Abb. 3.1: Diese Abbildung zeigt die IS-Gerade. Sie enthält alle Kombinationen von Zinssatz und Volkseinkommen, bei denen der Gütermarkt geräumt ist. Bei allen Punkten über der IS-Geraden sind die Ersparnisse größer als die Investitionen, sodass es auf dem Gütermarkt einen Angebotsüberschuss gibt. Bei allen Punkten unterhalb der IS-Geraden liegt ein Nachfrageüberhang vor.

Die Kombination aus einem hohen Zinssatz (i_0) und einem hohen Volkseinkommen (Y_1), also der Punkt Q_1 in → Abb. 3.1, führt auf dem Gütermarkt zu einem **Angebotsüberschuss** ($Y^s > Y^d$): Ein hohes Volkseinkommen hat hohe Ersparnisse zur Folge. Hohe Ersparnisse bedeuten hohe Nachfragausfälle. Zur Kompensation dieser Nachfrageausfälle müsste die Investitionsnachfrage der Unternehmen ebenfalls hoch sein. Bei einem hohen Zinssatz sind die zinsabhängigen Investitionen jedoch gering. Die Konsumnachfrageausfälle infolge der hohen Ersparnisse sind folglich größer als die zusätzliche Güternachfrage in Form von Investitionen. Das Inlandsprodukt – und damit auch die angebotene Gütermenge – ist deshalb größer als die Güternachfrage. Um auf dem Gütermarkt ein Gleichgewicht zu erreichen, müsste entweder bei einem unveränderten Volkseinkommen der Zins sinken, damit es höhere Investitionen gibt, oder bei einem unveränderten Zinssatz müsste das Volkseinkommen sinken, damit es geringere Ersparnisse gibt.

Die Kombination aus einem geringen Zinssatz (i_1) und einem geringen Volkseinkommen (Y_0), also der Punkt Q_2, führt auf dem Gütermarkt zu einem **Nachfrageüberhang** ($Y^d > Y^s$): Ein geringer Zinssatz hat hohe Investitionen zur Folge. Um auf dem Gütermarkt ein Gleichgewicht zu erreichen, wäre ein hoher Nachfrageausfall seitens der Konsumenten erforderlich, also hohe Ersparnisse. Hohe Ersparnisse setzen jedoch ein hohes Volkseinkommen voraus. Dies ist bei Y_0 nicht der Fall. Der aus den Ersparnissen resultierende Nachfrageausfall ist angesichts der hohen Investitionen also zu gering, sodass ein Nachfrageüberhang auf dem Gütermarkt auftritt. Um einen Ausgleich von Güterangebot und Güternachfrage zu erreichen, müssten bei einem unveränderten Volkseinkommen die Investitionen zurückgehen, der Zinssatz also steigen. Alternativ müssten bei einem unveränderten Zinssatz die Ersparnisse größer werden, was ein höheres Volkseinkommen verlangt.

Somit lässt sich festhalten: Bei einer zinsabhängigen Investitionsnachfrage gibt es nicht nur ein gleichgewichtiges Volkseinkommen, sondern eine ganze Reihe von Zinssatz-Volkseinkommen-Kombinationen, die zu einem Gütermarktgleichgewicht führen. In einem Zins-Volkseinkommen-Diagramm lassen sich diese Kombinationen durch eine Gerade, die so genannte IS-Gerade (Kurzform für I=S-Gerade) darstellen.

***espresso*-Wissen** | Die **IS-Gerade** stellt alle Kombinationen von Volkseinkommen (Y) und Zinssätzen (i) dar, die auf dem Gütermarkt für ein Gleichgewicht sorgen. Jede Kombination über der IS-Geraden führt zu einem Angebotsüberschuss auf dem Gütermarkt. Jede Kombination unter der IS-Geraden ist mit einem Nachfrageüberhang auf dem Gütermarkt verbunden.

Wichtig ist in diesem Kontext der Hinweis, dass die IS-Gerade keinen funktionalen Zusammenhang darstellt. Sie besagt also nicht, dass ein hoher Zinssatz kausal mit einem geringeren Volkseinkommen verbunden ist. Sie ist stattdessen eine Gleichgewichtskurve, die aussagt, wie hoch der Zinssatz bei einem bestimmten Volkseinkommen sein muss, damit die gesamtwirtschaftliche Güternachfrage mit dem gesamtwirtschaftlichen Güterangebot übereinstimmt und der Gütermarkt somit geräumt ist.

Der Verlauf der IS-Geraden hängt u. a. von der erwarteten Rendite und damit von den **unternehmerischen Erwartungen** ab. Wenn die Unternehmen optimistisch in die Zukunft blicken und glauben, dass die Konsumenten eine höhere Gütermenge nachfragen, lohnen sich Investitionen. Investitionen erhöhen die Produktionskapazitäten und damit die Menge der herstellbaren Güter. Bei einer optimistischen Erwartungshaltung gehen die Unternehmen davon aus, dass sie die zusätzlichen Güter verkaufen können. In diesem Fall führt schon eine geringe Zinssenkung zu einer großen Zunahme der Investitionen. Die IS-Gerade verläuft daher sehr flach.

Wenn die Unternehmen hingegen pessimistisch sind und befürchten, dass sie eine größere Gütermenge nur schwer auf dem Markt verkaufen können, werden sie wenige Investitionsvorhaben realisieren. Eine Zinssenkung hat daher nur einen geringen Anstieg der Investitionen zur Folge. Die IS-Gerade verläuft daher relativ steil.

Im Extremfall verläuft die IS-Gerade vollkommen zinsunelastisch, d. h. die Unternehmen reagieren überhaupt nicht auf eine Zinssenkung. Die Ursache für dieses Verhalten ist darin zu sehen, dass die Unternehmen extrem pessimistisch sind und befürchten, dass die Konsumenten nicht bereit sind, eine größere Gütermenge nachzufragen. In diesem Fall verläuft die IS-Gerade parallel zur Zinsachse. Die Unternehmen führen lediglich eine bestimmte Menge an zwingend erforderlichen Ersatzinvestitionen aus. Investitionen, die die Produktionskapazitäten erhöhen, finden hingegen nicht statt. Die Volkswirtschaft befindet sich in der so genannten **Investitionsfalle** – Zinssenkungen sind nicht in der Lage, die gesamtwirtschaftlichen Investitionen zu steigern.

Die Lage der IS-Geraden verändert sich, wenn sich weitere Komponenten der gesamtwirtschaftlichen Güternachfrage ändern. Wenn z. B. zusätzlich zu den Investitionen noch die **Staatsausgaben** (G für *Government*) betrachtet werden, verändert das die gesamtwirtschaftliche Güternachfrage. In dem bereits skizzierten einfachen Gütermarktmodell mit vier Gleichungen erhält die Gleichung (2) mit den Staatsausgaben eine zusätzliche Nachfragekomponente. Somit gilt:

(2') $Y^d = C + I + G$

Damit verändert sich auch die Bestimmungsgleichung für ein Gütermarktgleichgewicht, d. h. aus Gleichung (6) wird Gleichung (6'):

(6') $Y^* = \frac{1}{1-c} \cdot [B + I(i) + G]$

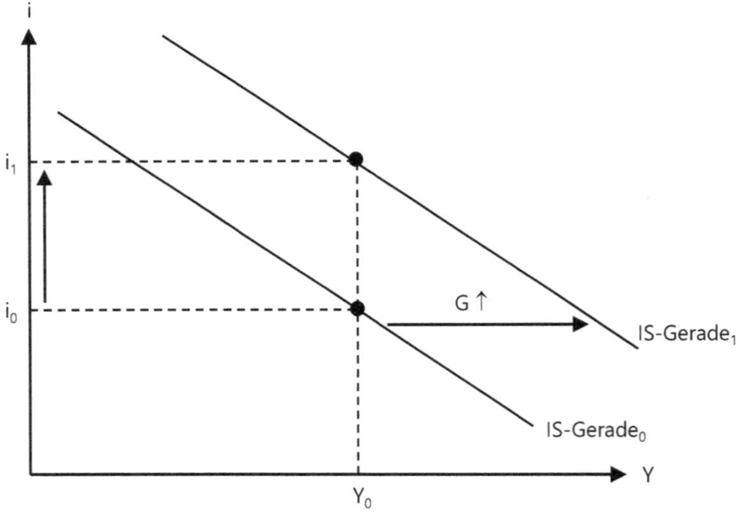

Abb. 3.2: Diese Abbildung zeigt, wie Erhöhungen oder Reduzierungen von exogenen Nachfragekomponenten die Lage der IS-Geraden verändern. Eine Zunahme der staatlichen Güternachfrage (G ↑) verschiebt die IS-Gerade nach rechts. Bei Veränderungen des Zinssatzes (i) oder des Inlandsprodukts bzw. Volkseinkommens (Y) findet hingegen eine Bewegung auf der IS-Geraden statt.

Eine Erhöhung der Staatsausgaben führt zu einer Verschiebung der IS-Geraden nach rechts (⟶ Abb. 3.2). Ausgehend von der IS-Geraden$_0$ lässt sich diese Verschiebung wie folgt erklären:

- Die Zinssatz-Volkseinkommen-Kombination $i_0 - Y_0$ stellt ein mögliches Gütermarktgleichgewicht dar. Wenn nun die Staatsausgaben erhöht werden, bedeutet dies unter sonst gleichen Bedingungen eine höhere Güternachfrage. Damit kommt es zu einem Nachfrageüberhang auf dem Gütermarkt.
- Zum Ausgleich dieses Ungleichgewichts muss eine andere Güternachfragekomponente geringer werden. Dies kann bei unverändertem Volkseinkommen ($Y = Y_0$) – und damit einer unveränderter Konsumnachfrage – nur durch eine Reduzierung der Investitionsnachfrage geschehen.
- Eine Reduzierung der Investitionsnachfrage verlangt im Fall zinsabhängiger Investitionen einen Anstieg des Zinssatzes, weil steigende Zinsen zu sinkenden Investitionen führen. Denkbar wäre beispielsweise, dass der Zinssatz auf $i = i_1$ steigen muss, damit die Investitionen so weit zurückgehen, dass der Gütermarkt bei $Y = Y_0$ wieder ausgeglichen ist.

Die Erhöhung der Staatsausgaben hat also zur Folge, dass nun die Kombination $i_1 - Y_0$ ein Gütermarktgleichgewicht darstellt. Generell verschieben sich alle Zinssatz-Volkseinkommen-Kombinationen, die ein Gütermarktgleichgewicht implizieren, in dieser Weise. Die Staatsausgabenerhöhung bewirkt also eine Rechtsverschiebung der IS-Geraden in einem Zinssatz-Volkseinkommen-Diagramm. Auch andere Steigerungen von Nachfragekomponenten – z. B. dem autonomen Konsum (B) oder den hier nicht berücksichtigten Exporten – haben eine Verschiebung der IS-Geraden nach rechts zur Folge. Umgekehrt führen Nachfragereduzierungen bei den Staatsausgaben oder den Exporten zu einer Linksverschiebung der IS-Geraden.

Ein weiterer Lageparameter der IS-Geraden sind die bereits erwähnten unternehmerischen Erwartungen bezüglich der zukünftigen Absatzerwartungen. Wenn sich diese Erwartungen verschlechtern, geht die erwartete Rendite eines Investitionsprojekts zurück. Bei einem unveränderten Zinssatz wird diese Investition möglicherweise nicht mehr durchgeführt. Die gesamtwirtschaftliche Güternachfrage geht zurück und die IS-Gerade wird nach links verschoben. Zudem bedeutet eine Verschlechterung der unternehmerischen Erwartungen einen größeren Pessimismus im Unternehmenssektor. Die IS-Gerade entwickelt sich in Richtung der Investitionsfalle, d. h. sie verläuft steiler. Zusätzlich zur Linksverschiebung der IS-Geraden erfolgt also auch noch eine Drehung, die diese Gerade steiler werden lässt.

***espresso*-Verständnis** | Der Ausdruck $\frac{1}{1-c}$ in den Gleichungen (6) und (6') ist nicht nur relevant für die Bestimmung des Gütermarktgleichgewichts. Werden beispielsweise die gesamtwirtschaftlichen Investitionsausgaben um einen Euro erhöht, gibt dieser Ausdruck an, um wie viele Euro das neue gleichgewichtige Volkseinkommen steigt. In diesem Fall wird der Ausdruck $\frac{1}{1-c}$ als **Investitionsmultiplikator** bezeichnet. Dabei gilt: Weil die marginale Konsumneigung (c) kleiner als eins ist, ist der Investitionsmultiplikator größer als eins. Im Fall einer marginalen Konsumneigung von 80 % (c = 0,8) hat der Investitionsmultiplikator den Wert 5. Eine Steigerung der Investitionen um einen Euro erhöht das gleichgewichtige Volkseinkommen also nicht nur um einen, sondern um 5 Euro. Dies lässt sich wie folgt erklären: Zunächst einmal erhöht die Steigerung der Investitionen um einen Euro auch die gesamtwirtschaftliche Güternachfrage um einen Euro. Das bedeutet, dass in der Investitionsgüterindustrie die Produktion um einen Euro gesteigert wird, was dort die Einkommen um einen Euro erhöht. Die von dieser Einkommenserhöhung betroffenen privaten Haushalte haben ein höheres verfügbares Einkommen, von denen sie 80 % für eine Erhöhung ihrer Konsumausgaben verwenden. In der Konsumgüterindustrie steigen die Produktion und die Einkommen somit um 0,8 Euro. Von diesem um 0,8 Euro höheren Einkommen werden wiederum 80 % für Konsumgüter ausgegeben, d. h. die Konsumgüternachfrage steigt um 0,64 Euro. Dieser Prozess setzt sich so lange fort, bis die zusätzlichen Einkommen gegen null tendieren. Werden alle Erhöhungen der Güternachfrage – also sowohl die ursprüngliche Steigerung der Investitionsgüternachfrage als auch die durch sie ausgelösten Erhöhungen der Konsumgüternachfrage – aufsummiert, steigt die gesamtwirtschaftliche Güternachfrage langfristig um 5 Euro. Und da sich die Unternehmen an die höhere Nachfrage anpassen, steigen auch die Güterproduktion und das Volkseinkommen um 5 Euro. Falls die staatlichen Ausgaben für Güter erhöht werden, stellt der Ausdruck $\frac{1}{1-c}$ den **Staatsausgabenmultiplikator** dar.

3.2 Das Geldmarktgleichgewicht bei fixen Preisen

***espresso*-Wissenscheck** | https://narr.kwaest.io/s/1255

***espresso*-Keywords** | Geldfunktionen (Tauschmittelfunktion, Recheneinheitsfunktion, Wertaufbewahrungsfunktion), Geldangebot, Transaktionskasse, Spekulationskasse, effektive Verzinsung, Zinsuntergrenze, maximaler Zinssatz, Geldmarktgleichgewicht, LM-Kurve, Liquiditätsfalle

In einer Volkswirtschaft benötigen die Menschen Geld, um die Käufe von Gütern und Vermögensgegenständen zu finanzieren. Einen echten Markt, auf dem Geld angeboten und nachgefragt wird, gibt es in der Realität nicht. Vielmehr handelt sich bei diesem Markt um ein Hilfskonstrukt. Die Berücksichtigung des Geldmarktes ist erforderlich, um die Höhe des Zinssatzes zu erklären, der sich aus dem Zusammenspiel von Geldangebot und Geldnachfrage ergibt.

***espresso*-Verständnis** | **Geld** erfüllt in einer Volkswirtschaft drei zentrale Funktionen: Zunächst einmal ist Geld ein allgemein akzeptiertes Tauschmittel, das den Austausch von Gütern und Vermögensgegenständen erheblich erleichtert (**Tauschmittelfunktion**). Jeder Verkäufer akzeptiert dieses Tauschmittel, selbst wenn er es nicht benötigt, weil er es später für den Kauf anderer Güter verwenden kann. Zweitens ist Geld eine Recheneinheit, die eine einheitliche Bewertung aller Güter und Vermögensgegenstände ermöglicht (**Recheneinheitsfunktion**). Schließlich hat Geld noch eine **Wertaufbewahrungsfunktion**. Sie erlaubt es, zwischen dem Einkommenserwerb und der Verausgabung dieses Einkommens einen gewissen Zeitraum verstreichen zu lassen und so Vermögen aufzubauen. Jedes Objekt, das diese drei Funktionen erfüllt, ist im ökonomischen Sinne Geld.

In der makroökonomischen Theorie wird das Geldangebot von der Zentralbank gesteuert. In der Realität ist die Geldschöpfung ein komplizierter Prozess, bei dem auch die Geschäftsbanken eine Rolle spielen. Sie können durch die Vergabe von Krediten die Höhe des gesamtwirtschaftlichen Geldangebots beeinflussen. Diese Aspekte werden in der Geldtheorie behandelt.

In der Makroökonomie wird vereinfachend davon ausgegangen, dass das gesamtwirtschaftliche Geldangebot von der Zentralbank direkt kontrolliert werden kann. Die Zentralbank kann das **Geldangebot** (M für *money*) annahmegemäß auf den Eurocent genau steuern. Neben der nominalen Geldmenge (M) spielt auch die reale Geldmenge eine Rolle. Sie ergibt sich aus der Division der nominalen Geldmenge durch das gesamtwirtschaftliche Preisniveau (P). Wird dieses Preisniveau konstant gehalten und auf eins normiert, stimmen die nominale und reale Geldmenge überein.

Private Haushalte und Unternehmen benötigen Geld, um damit den Kauf von Gütern abzuwickeln. Die Höhe der für diese Transaktionszwecke benötigten Geldmenge hängt von dem jährlichen Gütervolumen ab, das die Gesellschaft bewegen muss. Das Gütervolumen entspricht vereinfachend dem Inlandsprodukt, das mit dem Volkseinkommen übereinstimmt.

***espresso*-Wissen** | Die Geldmenge, die für die Abwicklung der Güterkäufe benötigt wird, heißt **Transaktionskasse** (L_T mit L für Liquiditätsnachfrage). Dabei wird ein proportionaler Zusammenhang zwischen dem Inlandsprodukt und der Transaktionskasse angenommen.

Wenn das Inlandsprodukt (Y) eines Landes beispielsweise 100 Milliarden Euro beträgt und jeder Euro viermal pro Jahr für den Kauf von Gütern verwendet wird, beträgt die benötigte Transaktionskasse 25 Milliarden Euro. Die Höhe der Geldnachfrage für Transaktionszwecke lässt sich daher wie folgt ausdrücken: $L_T = \lambda \cdot Y$ mit $\lambda > 0$. In dem Zahlenbeispiel hat λ den Wert ¼ bzw. 0,25.

Daneben gibt es ein zweites Motiv für eine Nachfrage nach Geld, die Geldnachfrage aus Spekulationsgründen. Sie hängt mit dem Kauf von Wertpapieren zusammen. Ein Wirtschaftssubjekt kann den Teil des ihm zur Verfügung stehenden Geldes, der nicht für Transaktionszwecke benötigt wird, für den Kauf von Wertpapieren verwenden. In diesem Fall werden Zinseinnahmen erzielt, die das Einkommen erhöhen. Es besteht jedoch die Gefahr, dass es zu Kursverlusten kommt. Wenn Kursverluste verhindert werden sollen, findet kein Wertpapierkauf statt. Das bedeutet den Verzicht auf Zinseinnahmen. In diesem Fall hält das Wirtschaftssubjekt das zur Verfügung stehende Geld in Form der **Spekulationskasse** – es wird auf geringere Wertpapierkurse gewartet, bei denen sich der Wertpapierkauf lohnt.

Ob sich ein Wirtschaftssubjekt für den Kauf eines Wertpapiers entscheidet, hängt maßgeblich von dessen **erwarteter Kursentwicklung** ab. Wenn ein Wertpapier zu Beginn einer Anlageperiode – beispielsweise am Anfang eines Jahres – den Kurswert KW_0 hat, der Anleger am Ende der Anlageperiode den Kurswert $KW_1^{erw.}$ erwartet und der Zinsbetrag, der innerhalb des Jahres eingenommen wird, die Höhe ZE hat, lässt sich der mit dem Kauf eines Wertpapiers erwartete Ertrag ($E^{erw.}$) wie folgt ausdrücken: $E^{erw.} = KW_1^{erw.} - KW_0 + ZE$.

- Sofern dieser Ausdruck positiv ist ($KW_1^{erw.} - KW_0 + ZE > 0$), lohnt sich der Kauf des Wertpapiers. Selbst wenn ein Kursverlust erwartet wird, kann dieser durch die Zinseinnahmen überkompensiert werden. Eine Person mit dieser Erwartungshaltung wird das verfügbare Geld komplett für den Kauf von Wertpapieren verwenden. Die Spekulationskasse (L_s) ist gleich Null.
- Falls der erwartete Ertrag eines Wertpapierkaufs negativ ist, kann der erwartete Kursverlust nicht mehr durch die Zinseinkünfte kompensiert werden. Dann ist es sinnvoll, auf den Kauf von Wertpapieren zu verzichten. Das gesamte nicht für Transaktionszwecke benötige Geld wird als Spekulationskasse gehalten.
- Die Frage, ob eine Person ihr Geld für den Kauf von Wertpapieren ausgibt oder Geld in Form der Spekulationskasse hält, ist folglich eine Alles-oder-Nichts-Entscheidung.

Wichtig ist in diesem Kontext der Hinweis, dass die Erwartungen bezüglich der zukünftigen Kursentwicklung individuell unterschiedlich sind. Jeder Wirtschaftsakteur hat seine eigenen Vorstellungen über die Höhe des Kurses am Ende eines Jahres. Bei einem höheren Kurs verkaufen also nur einige Anleger ihre Wertpapiere (weil der bis zum Ende des Jahres erwartete Kursverlust nicht mehr von den Zinseinnahmen gedeckt wird), während andere ihre Wertpapiere weiter halten.

Die Entscheidung für oder gegen das Halten von Spekulationskasse lässt sich auch in Abhängigkeit vom herrschenden Marktzins treffen. Wenn der Nominalwert eines Wertpapiers 1.000 Euro beträgt und die festgelegte jährliche Verzinsung bei 5 % liegt, werden dem Eigentümer dieses Papiers unabhängig vom schwankenden Kurswert jedes Jahr 50 Euro Zinsen gezahlt. Die Rendite bzw. die **effektive Verzinsung** des Wertpapiers hängt jedoch vom jeweiligen Kurswert ab (→ Tab. 3.1). Ein Anstieg des Kurswerts ist daher mit einem Rückgang der effektiven Verzinsung verbunden.

aktueller Kurs des Wertpapiers	feste Zinszahlung	effektiver Zinssatz
500 €	50 €	10 %
1.000 €	50 €	5 %
2.000 €	50 €	2,5 %

Tab. 3.1: Die Tabelle zeigt den Zusammenhang zwischen Kurswert, Zinszahlung und effektiver Verzinsung eines Wertpapiers.

Wenn sich über eine Kursschwankung die effektive Verzinsung der am Markt gehandelten Wertpapiere verändert, hat das Rückwirkungen auf die Höhe der Nominalverzinsung von neu ausgegebenen Wertpapieren. Falls eine rückläufige Nachfrage nach Wertpapieren den Wertpapierkurs auf 500 Euro reduziert und der effektive Zinssatz auf 10 % steigt, müssen Unternehmen und der Staat nun bei neuen Wertpapieren ihre nominale Verzinsung auf 10 % anheben. Täten sie dies nicht, könnten sie sich kein Geld durch den Verkauf von Wertpapieren beschaffen, denn die Anleger würden ausschließlich die Wertpapiere kaufen, die eine zehnprozentige Rendite abwerfen. Im Ergebnis bedeutet dies, dass der Zinssatz (i) der Volkswirtschaft auf 10 % steigt.

Auf Grundlage dieser Zusammenhänge zwischen dem Wertpapierkurs und dem Zinssatz lässt sich die Nachfrage nach Spekulationskasse in Abhängigkeit vom Zinssatz beschreiben:

- Wenn der Zinssatz hoch ist, ist der aktuelle Kurswert von Wertpapieren niedrig. Die Gefahr, dass es zu Kursverlusten kommt, ist klein. Daher halten viele Wirtschaftsakteure Wertpapiere. Die Nachfrage nach Spekulationskasse ist folglich gering.
- Wenn der Zinssatz sinkt, bedeutet das einen Anstieg der Wertpapierkurse. Die Gefahr von Kursverlusten wächst. Einige Anleger trennen sich von ihren Wertpapieren, um diese Verluste zu vermeiden. Das damit eingenommene Geld fließt in die Spekulationskasse, sodass die Nachfrage nach Spekulationskasse steigt.
- Wenn der Zinssatz niedrig ist, ist der aktuelle Kurswert von Wertpapieren hoch. Die Gefahr von Kursverlusten ist groß. Deshalb halten nur sehr wenige Wirtschaftsakteure Wertpapiere. Die Nachfrage nach Spekulationskasse ist daher hoch.

In Abhängigkeit von den individuell divergierenden Erwartungen bezüglich der zukünftigen Wertpapierkursentwicklung ergibt sich zudem für jede Volkswirtschaft eine Zinsuntergrenze und ein maximaler Zinssatz.

- **Zinsuntergrenze**
  Wenn der Wertpapierkurs sehr hoch ist, befürchten viele Personen Kursverluste, die höher ausfallen als die Zinseinnahmen. Daher werden diese Menschen keine Wertpapiere kaufen. Irgendwann ist selbst der optimistischste Mensch der Volkswirtschaft davon überzeugt, dass er entsprechend hohe Kursverluste erleiden wird. In dieser Situation ist niemand bereit, weitere Wertpapiere zu kaufen. Ohne eine zusätzliche Wertpapiernachfrage kann der Wertpapierkurs nicht mehr steigen. Die Volkswirtschaft hat den höchsten möglichen Kurswert erreicht – und damit auch den geringsten Zinssatz. Für weitere Zinssenkungen wäre ein Anstieg des Wertpapierkurses erforderlich, aber das geschieht nicht mehr. Die Volkswirtschaft hat ihre Zinsuntergrenze erreicht.
- **Maximaler Zinssatz**
  Wenn der Wertpapierkurs sehr niedrig ist, befürchtet niemand Kursverluste, die höher ausfallen als die Zinseinnahmen. Alle Menschen kaufen in dieser Situation Wertpapiere. Das bedeutet, dass der Wertpapierkurs nicht weiter sinken kann. Für einen Rückgang des Wertpapierkurses wären weitere Wertpapierverkäufe erforderlich. Das passiert jedoch nicht. Die Volkswirtschaft hat den geringsten Wertpapierkurs erreicht und damit auch den höchsten Zinssatz.

Mit Hilfe der Zinsuntergrenze (i_u) und dem maximalen Zinssatz ($i_{max.}$) lässt sich die gesamtwirtschaftliche Geldnachfrage – also sowohl die aus Transaktionszwecken als auch die aus Spekulationsgründen – in einem Zins-Geldmengen-Diagramm darstellen.

Wenn der Zinssatz höher ist als der maximale Zinssatz, ist der Wertpapierkurs so niedrig, dass alle Wirtschaftssubjekte Wertpapiere halten. Niemand hält Spekulationskasse. Die gesamte Geldnachfrage (L) besteht ausschließlich aus dem Bedarf an Transaktionskasse, d. h. es gilt: $L = L_T$. Die Höhe der benötigten Transaktionskasse ist unabhängig von der Zinshöhe. Wenn also die Nachfrage nach Transaktionskasse $L_T = 0{,}25 \cdot Y$ lautet und der Wert für Y bei 100 Milliarden Euro liegt, beträgt die für Transaktionszwecke benötigte Geldmenge 25 Milliarden Euro. Auch die gesamtwirtschaftliche Geldnachfrage L beträgt 25 Milliarden Euro, weil die Nachfrage aus Spekulationszwecken gleich null ist.

Wenn der Zinssatz sinkt, bedeutet dies einen Anstieg des Wertpapierkurses. Bei einem steigenden Wertpapierkurs trennen sich einige Wirtschaftssubjekte von ihren Wertpapieren, weil sie Kursverluste befürchten. Diese Personen fragen nun Spekulationskasse nach. Die gesamtwirtschaftliche Geldnachfrage steigt, weil es zusätzlich zur Geldnachfrage aus Transaktionsgründen auch noch eine Geldnachfrage aus Spekulationsgründen gibt ($L = L_T + L_S$). Je geringer der Zinssatz ist, desto größer ist die Nachfrage aus Spekulationsgründen und damit auch die gesamtwirtschaftliche Geldnachfrage.

Der Zins kann, wie erläutert, nicht unter die Zinsuntergrenze absinken. Das bedeutet: Wenn die Zinsuntergrenze erreicht ist, fließt jeder zusätzlich verfügbare Euro in die Spekulationskasse. Die gesamtwirtschaftliche Geldnachfragekurve verläuft parallel zur Geldmengenachse (→ Abb. 3.3).

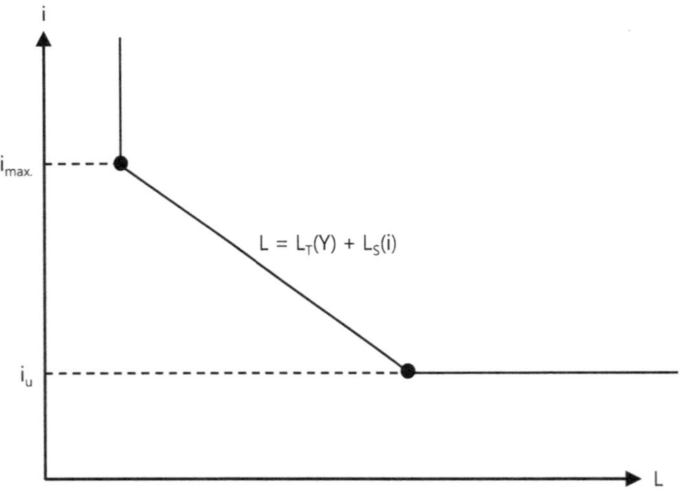

Abb. 3.3: Diese Abbildung zeigt die Höhe der gesamtwirtschaftlichen Geldnachfrage (L) in Abhängigkeit vom Zinssatz (i). Bei einem hohen Zinssatz – und damit niedrigen Wertpapierkurs – halten alle Wirtschaftsakteure Wertpapiere. Geld wird daher nur aus Transaktionszwecken nachgefragt. Bei einem sinkenden Zinssatz – und damit steigenden Wertpapierkurs – trennen sich einige Wirtschaftsakteure von ihren Wertpapieren. Daher nimmt die Geldnachfrage aus Spekulationszwecken bei einem sinkenden Zinssatz zu.

Um das Geldmarktgleichgewicht zu bestimmen, muss nun noch das Geldangebot (M) der Zentralbank berücksichtigt werden. Der Schnittpunkt aus der zinsunabhängigen Geldangebotsgeraden mit der gesamtwirtschaftlichen Geldnachfragekurve legt den für ein **Geldmarktgleichgewicht** (Q_0) erforderlichen Zinssatz (i_0) fest (→ Abb. 3.4).

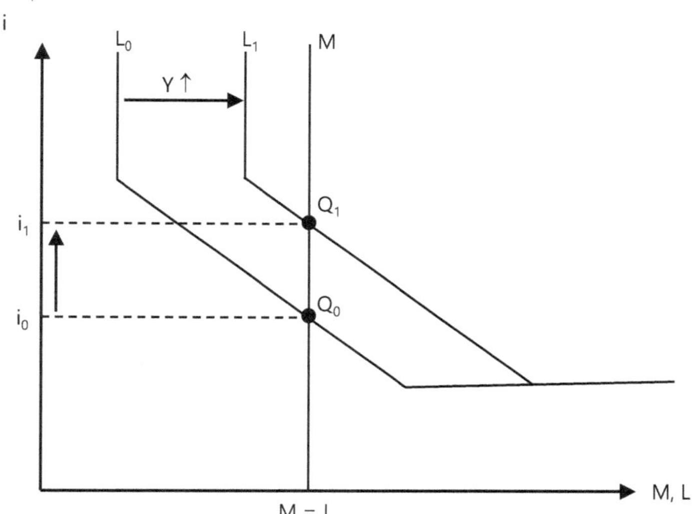

Abb. 3.4: Diese Abbildung zeigt das Gleichgewicht auf dem Geldmarkt, wo das Geldangebot der Zentralbank (M) auf die Geldnachfrage aus Spekulations- und Transaktionszwecken ($L = L_S + L_T$) trifft. Bei einer Erhöhung des Inlandsprodukts nimmt die Nachfrage nach Transaktionskasse zu, sodass die gesamtwirtschaftliche Geldnachfragekurve nach rechts verschoben wird und sich ein neues Geldmarktgleichgewicht mit einem höheren Zinssatz einstellt.

Wenn ausgehend von diesem Geldmarktgleichgewicht das Volkseinkommen steigt (Y ↑), ergibt sich ein neues Geldmarktgleichgewicht (Q_1): Das höhere Volkseinkommen führt zu einer höheren Geldnachfrage aus Transaktionszwecken. Die gesamtwirtschaftliche Geldnachfragekurve wird daher nach rechts verschoben. Die Zinsuntergrenze und der maximale Zinssatz verändern sich nicht, weil die dafür relevanten Erwartungen der Wirtschaftsakteure über die zukünftigen Wertpapierkurse konstant bleiben. Das neue Geldmarktgleichgewicht zeichnet sich durch einen höheren Zins aus ($i_1 > i_0$).

Dieser Zinsanstieg lässt sich wie folgt erklären: Bei einem höheren Volkseinkommen steigt der Bedarf an Transaktionskasse. Da das Geldangebot unverändert ist, muss für ein Geldmarktgleichgewicht die Nachfrage nach Spekulationskasse sinken. Die Nachfrage nach Spekulationskasse geht zurück, wenn die Wirtschaftssubjekte vermehrt Wertpapiere kaufen. Dies machen sie nur bei sinkenden Wertpapierkursen, was mit einem Zinsanstieg einhergeht.

Praktisch erfolgt die Anpassung an das neue Gleichgewicht wie folgt: Weil die Wirtschaftsakteure bei einem höheren Volkseinkommen mehr Güter kaufen, benötigen sie eine höhere Transaktionskasse. Diese Liquidität bekommen sie, indem sie Wertpapiere verkaufen und dafür Geld erhalten. Wenn verstärkt Wertpapiere verkauft werden, erhöht sich das Angebot an Wertpapieren, was zu einem Kursrückgang führt – und damit zu einem Anstieg der effektiven Verzinsung, also auch einem Zinsanstieg.

Um zur LM-Kurve zu gelangen, muss das Geldmarktgleichgewicht in einem Zins-Volkseinkommen-Diagramm abgebildet werden.

***espresso*-Wissen** | Die **LM-Kurve** ist die Kurzform für L=M-Kurve, also für die Kurve, bei der die Geldnachfrage (L) dem Geldangebot (M) entspricht. Diese Kurve enthält alle Kombinationen von Volkseinkommen (Y) und Zins (i), bei denen der Geldmarkt im Gleichgewicht ist.

Grundsätzlich gilt für die LM-Kurve der in → Abb. 3.4 bereits angedeutete Zusammenhang: Wenn das Volkseinkommen steigt und der Bedarf an Transaktionskasse wächst, muss die Nachfrage nach Spekulationskasse wegen des unveränderten Geldangebots zurückgehen, um ein Geldmarktgleichgewicht zu erreichen. D. h. die Wirtschaftsakteure müssen mehr Wertpapiere nachfragen und damit ihre Nachfrage nach Spekulationskasse verringern. Dies machen sie, wie beschrieben, nur bei sinkenden Wertpapierkursen und einem daraus resultierenden Zinsanstieg. Im Normalbereich der LM-Kurve geht ein steigendes Volkseinkommen folglich mit einem steigenden Zins einher. Es gibt jedoch zwei weitere Bereiche:

- **Zinsuntergrenze**
  Ist die Zinsuntergrenze einer Volkswirtschaft erreicht, sind weitere Zinssenkungen nicht mehr möglich. Die LM-Kurve verläuft dann parallel zur Volkseinkommensachse (→ Abb. 3.5). Dieser Bereich wird als **Liquiditätsfalle** bezeichnet. Der Begriff beschreibt den Umstand, dass die Geldpolitik den Zinssatz nicht weiter senken kann. Damit ist es nicht möglich, durch die Geldpolitik die Investitionen – und damit das

Volkseinkommen und die Beschäftigung – zu erhöhen. Dieser Aspekt wird im nachfolgenden Abschnitt 3.3 ausführlicher erläutert.

- **Maximaler Zinssatz**
  Oberhalb des höchstmöglichen Zinses in der Volkswirtschaft wird Geld nur für Transaktionszwecke nachgefragt. Die Nachfrage nach Transaktionskasse ist jedoch zinsunabhängig. Deshalb verläuft dieser Teil der LM-Kurve parallel zur Zinsachse. Dieser Teil der LM-Kurve wird als **klassischer Bereich** bezeichnet. Diese Bezeichnung lässt sich darauf zurückführen, dass es für die Ökonomen der klassischen Theorie nur das Transaktionsmotiv der Geldnachfrage gibt. Der Verzicht auf Zinseinnahme wäre nicht sinnvoll, deshalb wäre auch das Halten einer Spekulationskasse keine rationale Entscheidung. Grob gesprochen handelt es sich bei diesen Ökonomen um die Wirtschaftswissenschafter vor Keynes (beginnend bei Adam Smith und David Ricardo bis hin zu Léon Walras und Alfred Marschall, um nur die bekanntesten zu nennen).

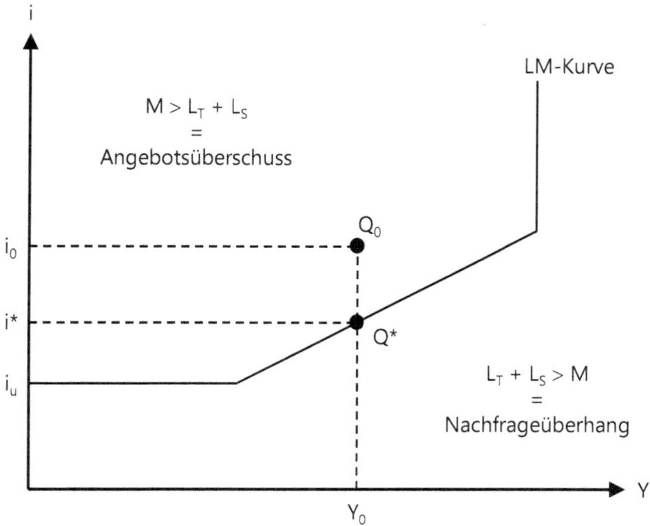

Abb. 3.5: Diese Abbildung zeigt die LM-Kurve. Sie enthält alle Kombinationen von Zinssatz (i) und Inlandsprodukt bzw. Volkseinkommen (Y), bei denen das Geldangebot mit der gesamtwirtschaftlichen Geldnachfrage übereinstimmt. Bei Punkten über dieser Kurve ist das Geldangebot höher als die Geldnachfrage, sodass es auf dem Geldmarkt einen Angebotsüberschuss gibt. Alle Punkte unter der LM-Kurve sind mit einem Nachfrageüberhang auf dem Geldmarkt verbunden.

Punkte, die nicht auf der LM-Kurve liegen, bedeuten ein **Geldmarktungleichgewicht**. Exemplarisch lässt sich dies mit Hilfe des Punktes Q_0 in → Abb. 3.5 verdeutlichen: Für das Volkseinkommen Y_0 ist der Zinssatz i_0 in Q_0 zu hoch für ein Geldmarktgleichgewicht. Ein zu hoher Zinssatz bedeutet einen zu geringen Wertpapierkurs. Ein zu geringer Wertpapierkurs hat zur Folge, dass zu viele Menschen Wertpapiere halten, weil sie keine oder nur geringe Kursverluste befürchten. Daher ist die Nachfrage nach Spekulationskasse zu gering für ein Geldmarktgleichgewicht. Somit herrscht in Q_0 ein Angebotsüberschuss auf dem Geldmarkt. Dies gilt für alle Punkte über der LM-Kurve. Unter der LM-Kurve liegt hingegen ein Nachfrageüberhang vor.

Die Zentralbank kann die LM-Kurve durch ihre Geldpolitik verschieben. Wenn das Geldangebot durch eine expansive Geldpolitik erhöht wird (M ↑), muss für ein Geldmarktgleichgewicht auch die Geldnachfrage größer werden. Wird der Zinssatz konstant gehalten, bleibt die Nachfrage nach Spekulationskasse konstant. Für ein Geldmarktgleichgewicht muss deshalb die Nachfrage nach Transaktionskasse steigen. Dies geschieht bei einem höheren Volkseinkommen bzw. Inlandsprodukt (Y). Eine expansive Geldpolitik verschiebt daher die LM-Kurve nach rechts (→ Abb. 3.6).

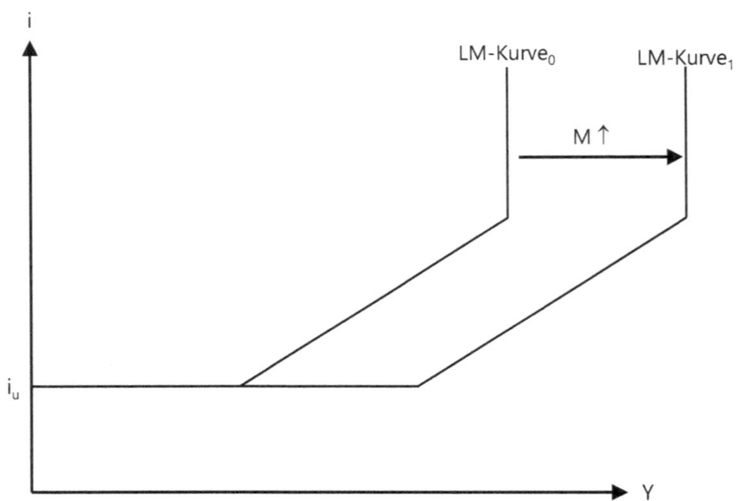

Abb. 3.6: Diese Abbildung zeigt, wie eine Veränderung des Geldangebots (M) die Lage der LM-Kurve verändern. Eine Erhöhung des Geldangebots durch die Zentralbank verschiebt die LM-Kurve nach rechts. Bei Veränderungen des Zinssatzes (i) oder des Inlandsprodukts bzw. Volkseinkommens (Y) findet eine Bewegung auf der LM-Kurve statt.

3.3 Das IS-LM-System als simultanes Güter- und Geldmarktgleichgewicht

***espresso*-Wissenscheck** | https://narr.kwaest.io/s/1256

***espresso*-Keywords** | Multiplikatoreffekt, Anpassungsprozess, expansive Geldpolitik, expansive Fiskalpolitik, Crowding-out (zinsinduziert, partiell und total)

Während bisher der Gütermarkt und der Geldmarkt isoliert voneinander betrachtet wurden, kommt es jetzt zu einer gemeinsamen Betrachtung beider Märkte. Um auf dem Gütermarkt und dem Geldmarkt gleichzeitig ein Gleichgewicht zu erreichen, müssen die Überlegungen der beiden vorangegangenen Abschnitte zusammengefasst werden. Grafisch ergibt sich das simultane Güter- und Geldmarktgleichgewicht, indem die IS-Gerade und die LM-Kurve in ein Zins-Volkseinkommen-Diagramm eingezeichnet werden (→ Abb. 3.7).

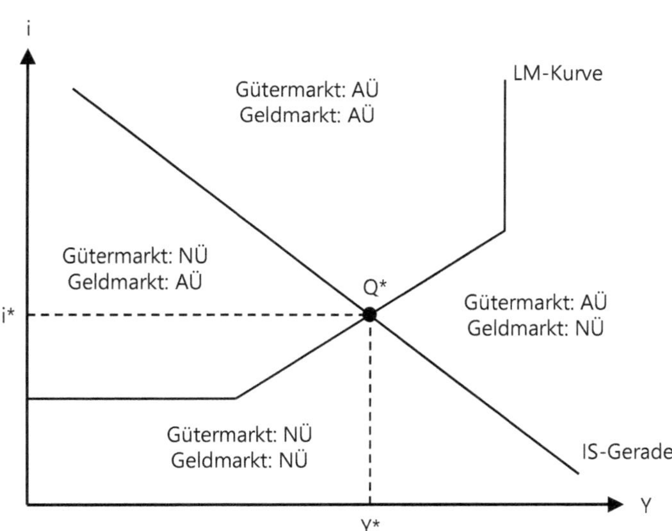

Abb. 3.7: Diese Abbildung zeigt, dass der Schnittpunkt der IS-Geraden mit der LM-Kurve zu einem simultanen Gleichgewicht auf dem Güter- und dem Geldmarkt führt. Alle anderen Zins-Volkseinkommen-Kombinationen als i* und Y* führen auf mindestens einem der beiden Märkte zu einem Ungleichgewicht."

Der Schnittpunkt beider Kurven ergibt die Zins-Volkseinkommen-Kombination, die sowohl ein Gütermarktgleichgewicht hervorruft als auch ein Geldmarktgleichgewicht. Jede andere Kombination führt auf mindestens einem der beiden Märkte zu einem Ungleichgewicht. Dabei gelten zwei grundlegende Zusammenhänge:

- Ein Punkt über einer der beiden Geraden bzw. Kurven bedeutet, dass es auf dem betreffenden Markt einen Angebotsüberschuss (AÜ) gibt.
- Alle Punkte unterhalb der Geraden bzw. Kurven sind mit einem Nachfrageüberhang (NÜ) verbunden.

Eine Zins-Volkseinkommen-Kombination, die beispielsweise sowohl oberhalb der IS-Geraden als auch oberhalb der LM-Kurve liegt, ist folglich mit einem Angebotsüberschuss auf beiden Märkten verbunden.

Sollte sich die Volkswirtschaft jedoch in einer Situation mit Ungleichgewichten auf einem oder beiden Märkten befinden, gibt es Anpassungskräfte, die die Volkswirtschaft zu einem simultanen Güter- und Geldmarktgleichgewicht führen. Dabei wird im Folgenden davon ausgegangen, dass der Geldmarkt schneller reagiert als der Gütermarkt. Es kommt daher zunächst zu einer Änderung des Zinssatzes. Auf diese Zinsänderung reagieren die Investitionsnachfrage und die damit verbundenen **Multiplikatoreffekte**, also der Gütermarkt.

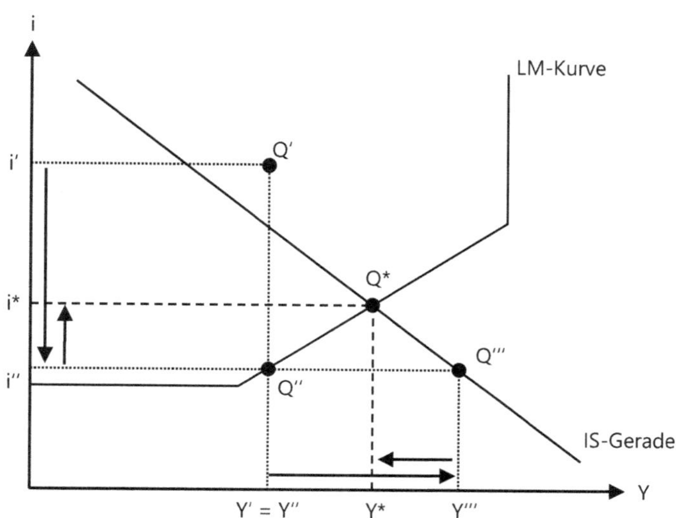

Abb. 3.8: Diese Abbildung zeigt, dass Marktprozesse stets das simultane Güter- und Geldmarktgleichgewicht erreichen. Bei den Anpassungsprozessen wird davon ausgegangen, dass der Geldmarkt schneller – und damit zuerst – auf eine ungleichgewichtige Situation reagiert.

Bei einem Zins i‘, der größer ist als der gleichgewichtige Zinssatz i* (i‘ > i*), und einem Inlandsprodukt Y‘, das kleiner ist als das gleichgewichtige Inlandsprodukt Y* (Y‘ < Y*) – also einer Kombination, die in → Abb. 3.8 durch den Punkt Q‘ beschrieben wird – ergibt sich ein dreistufiger bzw. -phasiger **Anpassungsprozess**:

- **Phase 1**
  Auf dem Geldmarkt gibt es im Punkt Q‘ einen Angebotsüberschuss. Das überschüssige Geld wird für den Kauf von Wertpapieren verwendet. Die steigende Wertpapiernachfrage führt zu einem Kursanstieg bei den Wertpapieren und damit zu einem Rückgang der effektiven Verzinsung, also zu einem Zinsrückgang (Bewegung von Q‘ nach Q‘‘). Der Geldmarkt befindet sich somit im Gleichgewicht, aber auf dem Gütermarkt gibt es einen Nachfrageüberhang, weil Q‘‘ unterhalb der IS-Geraden liegt.
- **Phase 2**
  Der Zinsrückgang führt zu einer steigenden Investitionsnachfrage, also zu einer steigenden Güternachfrage. Die steigende Investitionsnach-

frage bewirkt zudem über den bereits beschriebenen Investitionsmultiplikator eine weitere Steigerung der Güternachfrage. Die Unternehmen passen sich an die höhere Güternachfrage an, d. h. das Inlandsprodukt und das Volkseinkommen steigen (Bewegung von Q" nach Q'''). In Q''' liegt nun ein Gütermarktgleichgewicht vor, aber der Geldmarkt befindet sich jetzt wieder im Ungleichgewicht.

- **Phase 3**
  Das steigende Inlandsprodukt erhöht die Nachfrage nach Transaktionskasse, um das mit einer größeren Gütermenge gestiegenen Transaktionsvolumen finanzieren zu können. Der größere Bedarf an Transaktionskasse führt dazu, dass die Wirtschaftssubjekte Wertpapiere verkaufen, um das mit dem Verkaufserlös erzielte Geld zur Finanzierung der Güterkäufe zu verwenden. Der Verkauf der Wertpapiere bewirkt einen Kursrückgang und damit einen Zinsanstieg. Der Zinsanstieg führt zu einem Rückgang der Investitionsnachfrage und damit zum Rückgang der gesamtwirtschaftlichen Güternachfrage (von Y''' nach Y*). Beides führt zu einer Bewegung von Q''' nach Q*, sodass die Volkswirtschaft schließlich ihr Güter- und Geldmarktgleichgewicht erreicht.

Analoge Anpassungsprozesse ergeben sich bei anderen Marktungleichgewichten, sodass die Volkswirtschaft stets ein simultanes Güter- und Geldmarktgleichgewicht realisieren kann.

Wenn der Staat wirtschaftspolitische Maßnahmen ergreift, verändert das die Lage der IS-Geraden oder der LM-Kurve. Daraus ergibt sich ein neues simultanes Gleichgewicht auf dem Güter- und Geldmarkt.

Eine **expansive Geldpolitik**, also eine Erhöhung der nominalen Geldmenge (M) durch die Zentralbank, hat in einem Zins-Volkseinkommen-Diagramm eine Rechtsverschiebung der LM-Kurve zur Folge. Wie in → Abb. 3.9 zu erkennen ist, bewirkt dies eine Erhöhung des Volkseinkommens (von Y_0 auf Y_2) und eine Verringerung des Zinssatzes (von i_0 auf i_2). Der Anpassungsprozess vom alten Gleichgewicht Q_0 zum neuen Gleichgewicht Q_2 lässt sich wie folgt erklären:

- Die Erhöhung der Geldmenge hat zur Folge, dass die Wirtschaftssubjekte nun zu viel Geld halten. Das überschüssige Geld wird für den Kauf von Wertpapieren verwendet. Damit steigt die Nachfrage nach Wertpapieren, was einen Anstieg der Wertpapierkurse und einen sinkenden Zins zur Folge hat (Bewegung von Q_0 nach Q_0').

- Der sinkende Zins bewirkt einen Anstieg der Investitionsnachfrage und damit einen Anstieg der gesamtwirtschaftlichen Güternachfrage. Der Unternehmenssektor passt sich daran an, sodass das Inlandsprodukt bzw. das Volkseinkommen steigt (Bewegung von Y_0 nach Y_1 bzw. von Q'_0 nach Q_1).
- Das steigende Inlandsprodukt hat wiederum die Konsequenz, dass das Geldvolumen zur Abwicklung der Güterkäufe steigt. Der Bedarf an Transaktionskasse nimmt zu. Die Wirtschaftssubjekte verkaufen Wertpapiere, um das benötigte Geld zu erhalten. Das steigende Wertpapierangebot führt zu einem Rückgang der Wertpapierkurse, was einen Zinsanstieg zur Folge hat (Bewegung von i_1 auf i_2).
- Der Zinsanstieg bewirkt schließlich eine Verringerung der Investitionen. Der Investitionsrückgang führt zu einer Verringerung der gesamtwirtschaftlichen Güternachfrage, woraus eine Verringerung des Inlandsprodukts resultiert (Bewegung von Y_1 nach Y_2).

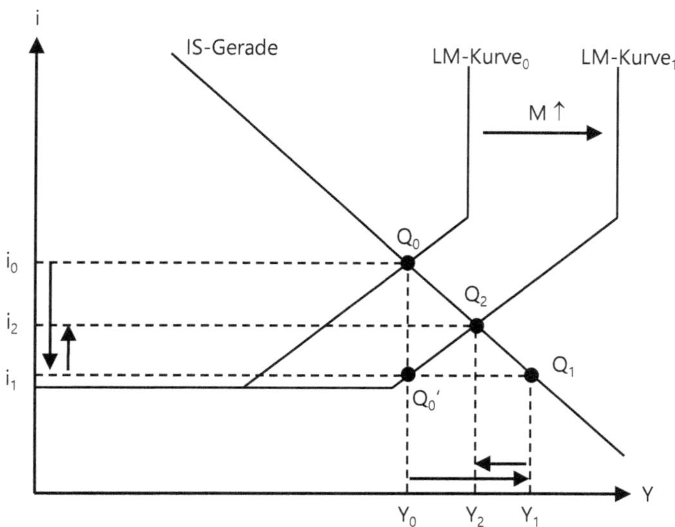

Abb. 3.9: Diese Abbildung zeigt, wie eine expansive Geldpolitik – also eine Erhöhung der Geldmenge (M) durch die Zentralbank – im Normalfall über eine Zinssenkung die Investitionsgüternachfrage ankurbelt und damit zu einem neuen simultanen Güter- und Geldmarktgleichgewicht führt, das sich durch ein höheres Volkseinkommen auszeichnet.

Es gibt allerdings auch Situationen, in denen eine expansive Geldpolitik keine Erhöhung des Volkseinkommens bewirkt (→ Abb. 3.10). Wenn sich die Volkswirtschaft in der **Liquiditätsfalle** befindet, kann die Geldmengenerhöhung keine Zinssenkung hervorrufen. Ohne eine Zinsreduzierung unterbleiben die Investitionszuwächse, sodass das Volkseinkommen unverändert bleibt.

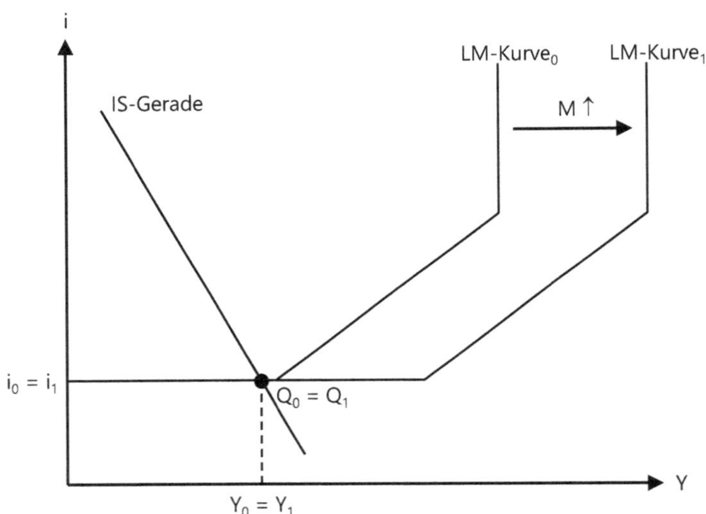

Abb. 3.10: Diese Abbildung zeigt, dass eine expansive Geldpolitik das Volkseinkommen nicht erhöhen kann, wenn sich die Volkswirtschaft in der Liquiditätsfalle befindet, weil die Geldmengenerhöhung keine Zinssenkung hervorrufen kann.

Auch wenn sich die Gesellschaft in der **Investitionsfalle** befindet, kann eine Geldmengenerhöhung keine Steigerung des Volkseinkommens bewirken (→ Abb. 3.11). Es kommt zwar zu einer Zinssenkung (von i_0 auf i_1), aber die Erwartungshaltung der Investoren ist so pessimistisch, dass sie ihre Investitionen selbst bei sinkenden Zinsen nicht erhöhen.

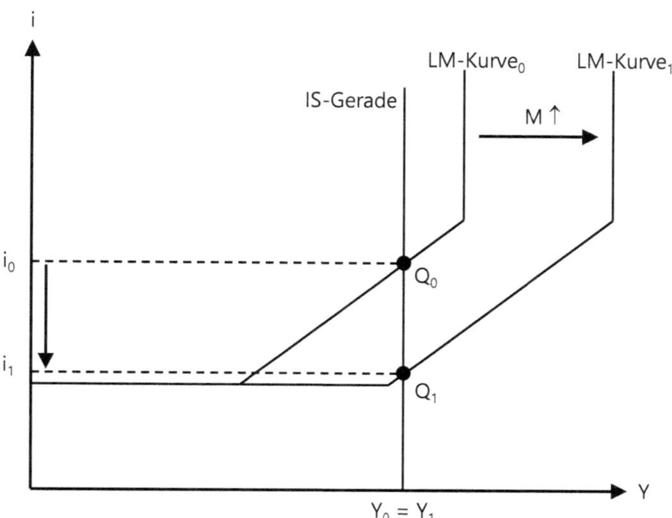

Abb. 3.11: Diese Abbildung zeigt, dass eine expansive Geldpolitik das Volkseinkommen nicht erhöhen kann, wenn sich die Volkswirtschaft in der Investitionsfalle befindet, weil die Geldmengenerhöhung zwar eine Zinssenkung hervorruft, die Unternehmen aber auf diese Zinssenkung nicht mit höheren Investitionsaktivitäten reagieren.

***espresso*-Wissen** | Im Ergebnis führt eine expansive Geldpolitik im Normalfall über sinkende Zinsen zu einer Erhöhung des Volkseinkommens. Eine Geldmengenerhöhung bewirkt allerdings keine Steigerung des Volkseinkommens, wenn sich die Volkswirtschaft in der Liquiditätsfalle oder der Investitionsfalle befindet.

Eine **expansive Fiskalpolitik** liegt vor, wenn der Staat seine Ausgaben für Sachgüter und Dienstleistungen erhöht. Eine kreditfinanzierte Staatsausgabenerhöhung ist dabei wirksamer als eine steuerfinanzierte Erhöhung der Staatsausgaben, aber selbst eine Steigerung der Staatsausgaben bei gleichzeitigen Steuererhöhungen hat positive Auswirkungen auf das Volkseinkommen:

- Wenn der Staat seine Ausgaben für Güter um 100 Euro erhöht und dies durch eine gleichzeitige Steuererhöhung finanziert, sinkt das verfügbare Einkommen des Haushaltssektors um 100 Euro. Der Rückgang der Konsumnachfrage des Haushaltssektors ist jedoch geringer als 100 Euro, weil die Haushalte annahmegemäß einen Teil ihres verfügbaren Einkommens sparen. Bei einer marginalen Sparquote von 20 % würde die Konsumnachfrage also nur um 80 Euro sinken. Per Saldo steigt die gesamtwirtschaftliche Güternachfrage damit um 20 Euro.

- Sofern der Staat eine Erhöhung seiner Ausgaben für Güter nicht durch eine Steuererhöhung finanziert, sondern durch eine Kreditaufnahme, resultiert daraus keine Verringerung der Konsumnachfrage. Der Staat greift bei einer Kreditfinanzierung auf die Ersparnisse der privaten Haushalte zurück und lässt deren verfügbares Einkommen unverändert. Eine Erhöhung der staatlichen Ausgaben für Güter um 100 Euro wird somit in vollem Umfang nachfragewirksam und nicht durch eine Einschränkung der privaten Konsumnachfrage konterkariert.

Da eine kreditfinanzierte Staatsausgabenerhöhung eine größere Auswirkung auf die gesamtwirtschaftliche Güternachfrage hat, wird unter einer expansiven Fiskalpolitik im Folgenden stets eine **kreditfinanzierte Staatsausgabenerhöhung** verstanden. Diese Staatsausgabenerhöhung ist unmittelbar nachfragewirksam, weil der Staat als Nachfrager am Gütermarkt auftaucht. Die Nachfrageerhöhung und die mit dem Staatsausgabenmultiplikator verbundenen Nachfragesteigerungen führen zu einer höheren Güternachfrage. In einem Zins-Volkseinkommen-Diagramm bedeutet dies eine Rechtsverschiebung der IS-Geraden (→ Abb. 3.12).

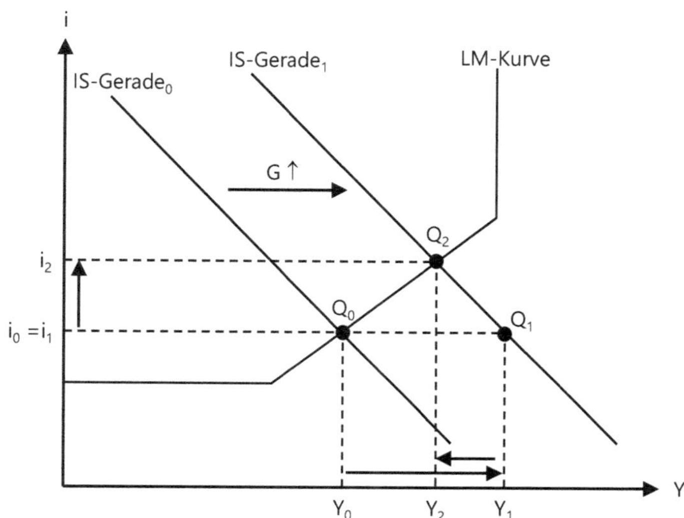

Abb. 3.12: Diese Abbildung zeigt, wie eine expansive Fiskalpolitik – also eine Erhöhung der staatlichen Ausgaben für Güter (G) – im Normalfall zu einem neuen simultanen Güter- und Geldmarktgleichgewicht führt, das sich durch ein höheres Volkseinkommen auszeichnet.

Die Erhöhung der gesamtwirtschaftlichen Güternachfrage infolge einer höheren staatlichen Güternachfrage und der damit ausgelösten Multiplikatoreffekte wird durch die Bewegung von Q_0 nach Q_1 dargestellt. Der Unternehmenssektor passt sich annahmegemäß an die höhere Güternachfrage an, sodass das Inlandsprodukt – und mit ihm das Volkseinkommen – steigt (von Y_0 auf Y_1). Ein höheres Inlandsprodukt hat zur Folge, dass der Bedarf an Transaktionskasse zunimmt. Der Haushaltssektor verkauft Wertpapiere, um das benötigte Geld zu erhalten. Damit sinkt der Kurs der Wertpapiere, sodass deren effektive Verzinsung steigt. Es kommt zu einer Zinssteigerung. Sie hat negative Auswirkungen auf die Investitionsnachfrage. Es kommt daher zu einer **zinsinduzierten** Verringerung der gesamtwirtschaftlichen Güternachfrage.

Diese negative Rückwirkung des Geldmarkts auf den Gütermarkt – also die Reduzierung der gesamtwirtschaftlichen Güternachfrage infolge einer Zinserhöhung – wird **Crowding-out-Effekt** genannt (Bewegung von Q_1 nach Q_2 in → Abb. 3.12). Trotz des Rückgangs der Investitionsnachfrage überwiegen jedoch die positiven Nachfrageeffekte der Staatsausgabenerhöhung, sodass per Saldo das Inlandsprodukt bzw. das Volkseinkommen steigt (von Y_0 auf Y_2). Daher liegt in diesem Fall nur ein **partielles Crowding-out** vor.

***espresso*-Wissen** | Ein **Crowding-out-Effekt** beschreibt Fälle, in denen eine wirtschaftspolitische Maßnahme, die die gesamtwirtschaftliche Güternachfrage und mit ihr das Volkseinkommen steigern soll, Nebenwirkungen hat, die zu einer Reduzierung der gesamtwirtschaftlichen Güternachfrage führen.

Anders als die Geldpolitik hat eine expansive Fiskalpolitik auch dann eine Steigerung des Inlandsprodukts bzw. des Volkseinkommens zur Folge, wenn sich die Volkswirtschaft in der Liquiditätsfalle oder der Investitionsfalle befindet (→ Abb. 3.13 und → Abb. 3.14).

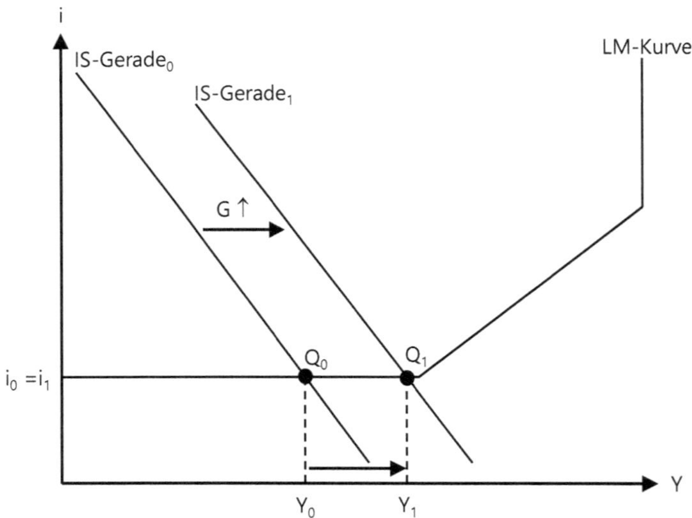

Abb. 3.13: Diese Abbildung zeigt, dass eine Erhöhung der Staatsausgaben für Güter das Volkseinkommen auch dann erhöht, wenn sich die Volkswirtschaft in der Liquiditätsfalle befindet.

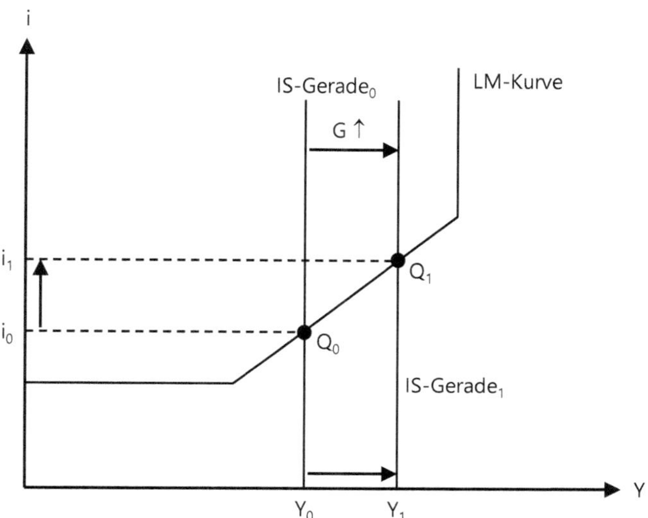

Abb. 3.14: Diese Abbildung zeigt, dass eine Erhöhung der Staatsausgaben für Güter das Volkseinkommen auch dann erhöht, wenn sich die Volkswirtschaft in der Investitionsfalle befindet.

Allerdings ist auch eine expansive Fiskalpolitik nicht in allen Fällen wirksam. Wenn sich die Gesellschaft mit ihrem simultanen Güter- und Geldmarktgleichgewicht im klassischen Bereich der LM-Kurve befindet, ist eine expansive Fiskalpolitik unwirksam, weil keine Steigerung des Volkseinkommens stattfindet (→ Abb. 3.15). Die Ineffektivität der Fiskalpolitik lässt sich wie folgt erklären: Das Volkseinkommen ist bereits so groß, dass das gesamte Geldangebot zur Finanzierung der Gütertransaktionen benötigt wird. Wäre das Volkseinkommen höher, würde es zu einer Erhöhung des Wertpapierangebots kommen. Der damit verbundene Kursrückgang würde zu einem Zinsanstieg führen. Dieser Zinsanstieg hätte eine Reduzierung der Investitionsnachfrage zur Folge. Damit sinkt die gesamtwirtschaftliche Güternachfrage und mit ihr das Inlandsprodukt. Erst wenn das Inlandsprodukt sein Ausgangsniveau erreicht, ist der Geldmarkt wieder im Gleichgewicht. Im Ergebnis bleibt das Inlandsprodukt bzw. Volkseinkommen unverändert ($Y_0 = Y_1$). Es kommt folglich zu einem **totalen Crowding-out** infolge des gestiegenen Zinssatzes (zinsinduziertes Crowding-out).

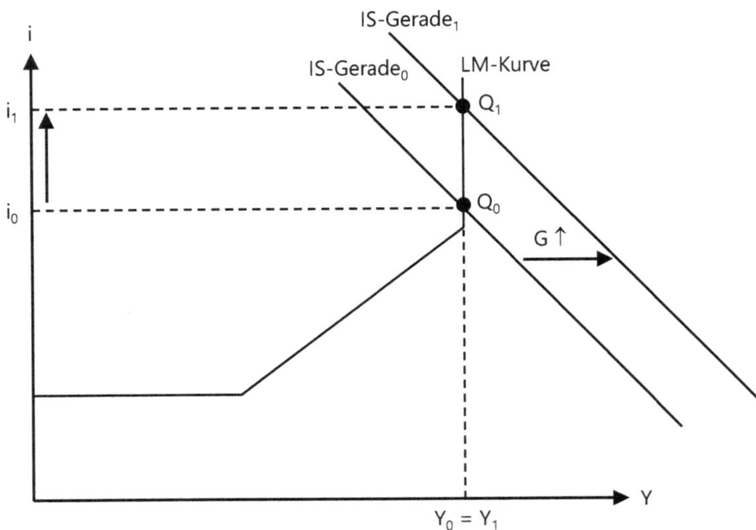

Abb. 3.15: Diese Abbildung zeigt, dass eine Erhöhung der Staatsausgaben für Güter das Volkseinkommen nicht steigern kann, wenn sich die Volkswirtschaft im klassischen Bereich der LM-Kurve befindet, weil die Zinssteigerung dazu führt, dass der Investitionsrückgang vom Betrag her genauso groß ist wie der Anstieg der staatlichen Güternachfrage.

***espresso*-Wissen** | Im Ergebnis führt eine expansive Fiskalpolitik im Normalfall über die höhere Güternachfrage zu einer Erhöhung des Volkseinkommens. Eine Staatsausgabenerhöhung bewirkt – anders als eine expansive Geldpolitik – auch dann eine Steigerung des Volkseinkommens, wenn sich die Volkswirtschaft in der Liquiditätsfalle oder in der Investitionsfalle befindet. Falls sich die Volkswirtschaft jedoch im klassischen Bereich der LM-Kurve befindet, kommt es zu einem totalen Crowding-out, sodass das Volkseinkommen unverändert bleibt.

3.4 Makroökonomische Modellerweiterungen

espresso-**Wissenscheck** | https://narr.kwaest.io/s/1257

espresso-**Keywords** | offene Volkswirtschaft, Devisen, Wechselkurs, Devisenmarkt, Devisennachfrage, Devisenangebot, Aufwertung, Abwertung, Arbeitsmarkt, Nominallohnflexibilität, Vollbeschäftigung, Arbeitslosigkeit (temporäre und dauerhafte), Reallohn

Das hier behandelte IS-LM-System ist das einfachste makroökonomische Gesamtmodell. Es beinhaltet keine außenwirtschaftlichen Beziehungen, enthält keinen Arbeitsmarkt und hat ein konstantes Preisniveau. Die Berücksichtigung aller dieser Elemente – offene Volkswirtschaft, Arbeitsmarkt, flexible Preise – kompliziert die makroökonomischen Analysen. In den nachfolgenden Ausführungen können nur einige dieser Aspekte angerissen werden.

Die erste Modellerweiterung ist eine **offene Volkswirtschaft** mit einem nach wie vor konstanten gesamtwirtschaftlichen Preisniveau. In diesem Modell kommt es zu Handelsaktivitäten zwischen dem Inland und dem Rest der Welt. Das Inland verkauft Güter an den Rest der Welt (Exporte) und kauft Produkte aus dem Ausland (Importe). Da Volkswirtschaften über eigene Währungen verfügen, gibt es im makroökonomischen Modell einer offenen Volkswirtschaft neben dem Güter- und dem Geldmarkt einen dritten Markt, den **Devisenmarkt**.

Devisen sind ausländische Währungseinheiten, aus Sicht Deutschlands US-Dollar, Yen, Schweizer Franken etc. Der Preis für eine Devise – also für eine Einheit der ausländischen Währung – ist der **Wechselkurs**. Er gibt an, wie viele Euro für einen US-Dollar bezahlt werden müssen und ist so gesehen der Preis für eine ausländische Währungseinheit.

Die Höhe des Wechselkurses wird auf dem **Devisenmarkt** bestimmt. Dort trifft die Devisennachfrage der inländischen Wirtschaftsakteure auf das Devisenangebot des Auslands. Am Beispiel des US-Dollars lässt sich der Devisenmarkt wie folgt beschreiben:

- **Devisennachfrage**
  Deutsche Konsumenten benötigen Dollar, wenn sie amerikanische Produkte kaufen wollen. Aus Sicht Deutschlands handelt es sich dabei um den Import von Gütern (IM). Zudem brauchen deutsche Anleger Dollar,

wenn sie amerikanische Aktien und Staatsanleihen erwerben wollen. Für die deutsche Volkswirtschaft ist das ein Kapitalexport (K^{EX}), denn Investoren legen ihr Kapital nicht im Inland an, sondern im Ausland.

- **Devisenangebot**
  Amerikanische Konsumenten bieten Dollar auf dem Devisenmarkt an, wenn sie diese gegen Euro tauschen wollen. Euro benötigen sie, wenn sie deutsche Produkte kaufen. Aus deutscher Sicht ist der Verkauf von Produkten ins Ausland ein Export (EX). Sparer bzw. Anleger aus den USA benötigen darüber hinaus Euro, wenn sie deutsche Aktien und festverzinste Wertpapiere kaufen wollen. Für Deutschland ist das ein Kapitalimport (K^{IM}).

Die Höhe der Dollarnachfrage und des Dollarangebots hängt vom Preis eines US-Dollars ab, also vom Wechselkurs. Es gilt das übliche Nachfrage- und Angebotsverhalten, das bereits in den mikroökonomischen Ausführungen behandelt wurde: Je höher der Preis für einen Dollar ist, desto geringer ist die Nachfrage und desto höher ist das Angebot. Mit Blick auf den US-Dollar lässt sich dieser Devisenmarkt mit der Dollarnachfrage ($\$^d$ mit d für *demand*) und dem Dollarangebot ($\$^s$ mit s für *supply*) mit → Abb. 3.16 darstellen. Der Preis für einen Dollar, also der Wechselkurs (e für *exchange rate*) hat dabei die Dimension Euro pro Dollar, denn der Wechselkurs gibt an, wie hoch der Preis für einen Dollar ist. Der Schnittpunkt der Angebots- und Nachfragegeraden ergibt das Devisenmarktgleichgewicht mit dem gleichgewichtigen Wechselkurs e^* und der dazugehörenden Dollarmenge $\$^*$.

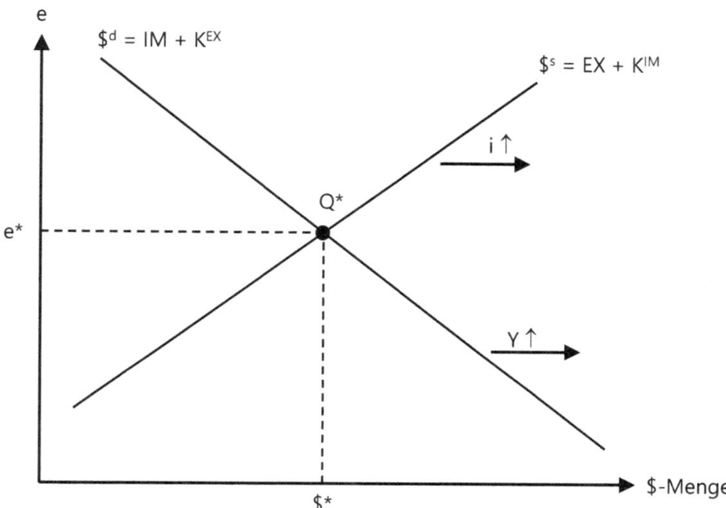

Abb. 3.16: Diese Abbildung zeigt am Beispiel des US-Dollars, wie sich auf dem Devisenmarkt ein Gleichgewicht mit einem gleichgewichtigen Wechselkurs (e*) und der dazu gehörenden Devisenmenge ($*) bildet.

Das Devisenmarktgleichgewicht verändert sich, wenn sich Determinanten der Devisennachfrage oder des Devisenangebots ändern. Dazu nur zwei Beispiele

- Wenn das deutsche Volkseinkommen (Y) steigt, verfügen die privaten Haushalte über ein höheres Einkommen. Dieses verwenden sie für den Kauf von Konsumgütern aus dem Inland, aber auch aus dem Ausland. Eine höhere Nachfrage nach Produkten aus dem Ausland bedeutet einen Anstieg der Importe (IM). Damit wächst die Nachfrage nach Dollar. In der → Abb. 3.16 hat das zur Folge, dass die Dollarnachfragegerade nach rechts verschoben wird.
- Ein höherer Zins (i) in Deutschland macht es für amerikanische Investoren attraktiver, ihr Geld in Deutschland anzulegen. Ihre Nachfrage nach deutschen Wertpapieren, also z. B. Staatsanleihen, steigt. Daher benötigen sie mehr Euro. Um diese zu erhalten, müssen sie mehr US-Dollar anbieten und gegen Euro tauschen. Die Dollarangebotsgerade wird folglich nach rechts verschoben.

Zwischen den drei Märkten einer offenen Volkswirtschaft mit einem konstanten Preisniveau – also dem Gütermarkt, dem Geldmarkt und dem Devisenmarkt – bestehen zahlreiche Wechselwirkungen.

Wenn es auf dem Markt für Euro zu einer höheren Nachfrage an Euro kommt, bewirkt das einen Anstieg des Preises für einen Euro. Ein Euro kostet beispielsweise nicht mehr nur einen US-Dollar, sondern 1,25 Dollar. Der Euro hat also einen höheren Wert. Daher liegt eine **Aufwertung** des Euros vor. Diese Aufwertung hat Auswirkungen auf die deutschen Exporte und Importe:

- Eine deutsche Maschine im Wert von 10.000 Euro kostet vor der Euro-Aufwertung in den USA 10.000 Dollar. Nach der Euro-Aufwertung kostet die gleiche Maschine 12.500 Dollar. Wird ein normales Nachfrageverhalten angenommen, geht die Nachfrage der Amerikaner nach deutschen Maschinen zurück. Damit sinken die deutschen Exporte. Eine Aufwertung der heimischen Währung reduziert somit die Exporte des Inlands und damit auch die gesamtwirtschaftliche Güternachfrage.
- Das Spiegelbild einer Euro-Aufwertung ist eine **Abwertung** des US-Dollars. Bei einem Wechselkurs von 1,25 Dollar für einen Euro kostet ein Dollar nun 0,80 Euro. Das hat zur Folge, dass US-Produkte in Deutschland einen geringeren Preis haben. Daher fragen die deutschen Verbraucher mehr US-Produkte nach. Deutschlands Importe nehmen somit zu.

Die Export- und Importänderungen haben wiederum Rückwirkungen auf die Devisennachfrage und damit den Wechselkurs. Wenn eine Euro-Aufwertung dazu führt, dass die deutschen Exporte zurückgehen, sinkt auch die Nachfrage der ausländischen Wirtschaftsakteure nach Euro an den Devisenmärkten. Wenn die amerikanischen Konsumenten weniger Produkte aus Deutschland nachfragen, benötigen sie weniger Euro. Das führt für sich genommen zu einer Euro-Abwertung. Und der Anstieg der deutschen Importe aus den USA erhöht die Nachfrage nach Dollar, was zu einer Dollar-Aufwertung führt.

Zu berücksichtigen ist zudem, dass es nicht nur zwischen dem Gütermarkt und dem Devisenmarkt Wechselwirkungen gibt, sondern auch zwischen dem Geldmarkt und dem Devisenmarkt. Hierbei geht es beispielsweise um die Auswirkungen einer Zinsänderung auf die Devisennachfrage. Wenn es in der Eurozone wegen einer restriktiven Geldpolitik der Europäische Zentralbank zu einem Zinsanstieg kommt, wird es für amerikanische Anleger attraktiver, ihr Geld aus den USA abzuziehen und stattdessen europäische Wertpapiere zu erwerben. Um diese Wertpapiere bezahlen zu können, benötigen sie Euro. Es kommt also zu einem Anstieg der Euro-Nachfrage, was eine Euro-Aufwertung nach sich zieht. Und sie hat die bereits beschriebenen Auswirkungen auf den Gütermarkt, also sinkende Exporte der EU und eine steigende Importgüternachfrage der EU nach ausländischen Produkten.

Eine weitere Modellerweiterung besteht aus der Berücksichtigung des **Arbeitsmarkts**. Auf dem Arbeitsmarkt bieten die privaten Haushalte ihre Arbeitskraft an (A^s mit s für *supply*). Die angebotene Arbeitsmenge wird, ebenso wie die nachgefragte, in Stunden gemessen. Je höher der nominale Lohn (w für *wage*) ist, den sie erhalten ist, desto größer ist das Arbeitsangebot der privaten Haushalte. Nachgefragt werden die Arbeitskräfte von den Unternehmen. Bei ihnen gilt das übliche Nachfrageverhalten: Je geringer der zu zahlende Lohnsatz ist, desto größer ist die Arbeitsnachfrage (A^d mit d für *demand*). Grafisch ergibt sich das Arbeitsmarktgleichgewicht wiederum aus dem Schnittpunkt der Arbeitsnachfrage- und der Arbeitsangebotsgeraden (→ Abb. 3.17).

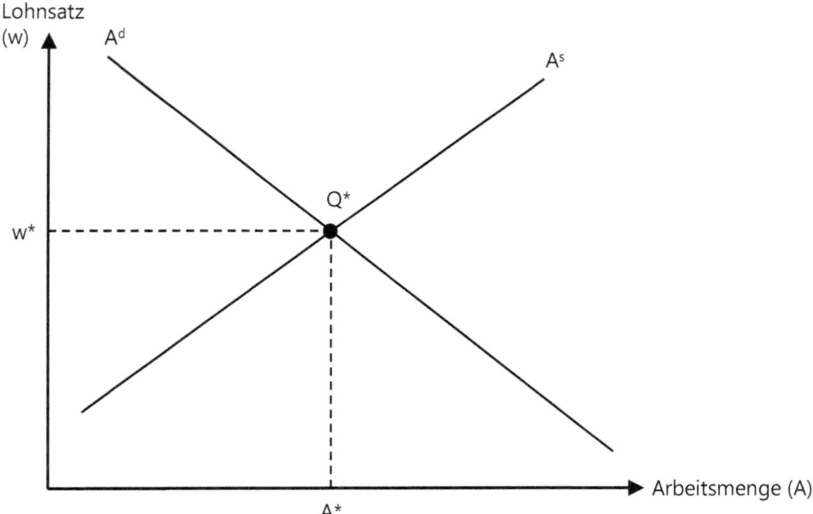

Abb. 3.17: Diese Abbildung zeigt, wie sich auf dem Arbeitsmarkt ein Gleichgewicht mit einem gleichgewichtigen Lohnsatz (w*) und der dazu gehörenden Arbeitsmenge (A*) bildet.

Auch der Arbeitsmarkt steht in Wechselbeziehungen zu anderen Märkten. Von besonderem Interesse ist dabei der Zusammenhang zwischen dem Arbeits- und dem Gütermarkt. Hier gibt es zwei zentrale Interdependenzen.

- Auf der einen Seite kann der Arbeitsmarkt zu einem limitierenden Faktor für das Güterangebot werden. Wenn es z. B. einen Arbeitskräftemangel gibt, begrenzt das die Produktionsmöglichkeiten der Unternehmen und damit das gesamtwirtschaftliche Güterangebot. Gleiches gilt, wenn das gesamtwirtschaftliche Arbeitsangebot wegen eines sehr geringen Lohns ebenfalls nur gering ist.
- Auf der anderen Seite kann die Güternachfrage zu einem limitierenden Faktor für den Arbeitsmarkt werden. Wenn es beispielsweise im Zuge einer generellen Wirtschaftsschwäche zu einer geringeren Güternachfrage kommt, passen sich die Unternehmen an die gesunkene Güternachfrage an und reduzieren ihre Produktion. Das hat Rückwirkungen auf den Arbeitsmarkt, denn dort geht die Nachfrage der Unternehmen nach Arbeitskräften zurück. Auf einem Arbeitsmarkt mit nach oben und unten flexiblen Löhnen stellt sich dann ein neues Arbeitsmarktgleichgewicht ein. Dieses zeichnet sich aus durch ein geringeres Arbeitsvolumen und einen geringeren Lohn.

Von entscheidender Bedeutung für die Frage, ob es auf dem Arbeitsmarkt Vollbeschäftigung gibt oder es zur Arbeitslosigkeit kommt, ist das Ausmaß der **Nominallohnflexibilität**. Wenn es beispielsweise zu einer Erhöhung des Arbeitsangebots kommt, stellt sich ein neues Arbeitsmarktgleichgewicht ein. Grafisch bedeutet das höhere Arbeitsangebot eine Rechtsverschiebung der Arbeitsangebotsgeraden (→ Abb. 3.18). Die Erhöhung des Arbeitsangebots hat zur Folge, dass beim alten Gleichgewichtslohn (w_0) ein Angebotsüberschuss besteht. Dieser bewirkt einen Lohnrückgang. Der geringere Lohn hat zur Folge, dass die von den Unternehmen nachgefragte Arbeitsmenge steigt, während die privaten Haushalte ihr Arbeitsangebot reduzieren. Der Lohnrückgang dauert so lange an, bis der Angebotsüberschuss abgebaut ist. Beim neuen Arbeitsmarktgleichgewicht (Q_1) gibt es einen niedrigeren Gleichgewichtslohn (w_1) und eine höhere gleichgewichtige Arbeitsmenge (A_1).

Sowohl das ursprüngliche als auch das neue Arbeitsmarktgleichgewicht der Abbildung 3.18 zeichnen sich dadurch aus, dass auf dem Arbeitsmarkt **Vollbeschäftigung** herrscht. Jeder Haushalt, der zum herrschenden Marktlohn seine Arbeitskraft anbietet, findet ein Unternehmen, das diese Arbeitskraft nachfragt. Es gibt daher keine Arbeitslosigkeit, die sich in Form eines Angebotsüberschusses äußern würde. Gleichzeitig kann jedes Unternehmen zum herrschenden Marktlohn die Arbeitsmenge erwerben, die es zum Zwecke der Gewinnmaximierung benötigt. Es gibt also auch keinen Arbeitskräftemangel, der sich in Form eines Nachfrageüberhangs äußern würde.

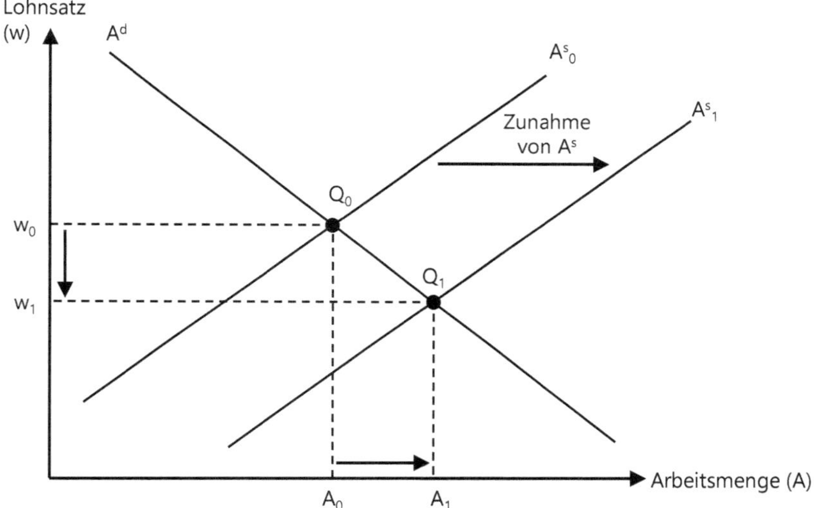

Abb. 3.18: Diese Abbildung zeigt, wie eine Erhöhung des Arbeitsangebots bei einem flexiblen Lohnsatz zu einem neuen Arbeitsmarktgleichgewicht führt, bei dem Vollbeschäftigung herrscht.

Sollte der Lohnsatz jedoch nach unten hin starr sein, sodass Lohnsenkungen nicht möglich sind, kommt es bei einer Verringerung der Arbeitsnachfrage oder der Erhöhung des Arbeitsangebots zur Arbeitslosigkeit. Dieser Fall ist in Abbildung 3.19 dargestellt. Wenn es zu einer Erhöhung des Arbeitsangebots kommt, stellt sich beim ursprünglichen Gleichgewichtslohn (w_0) ein **Angebotsüberschuss** ein.

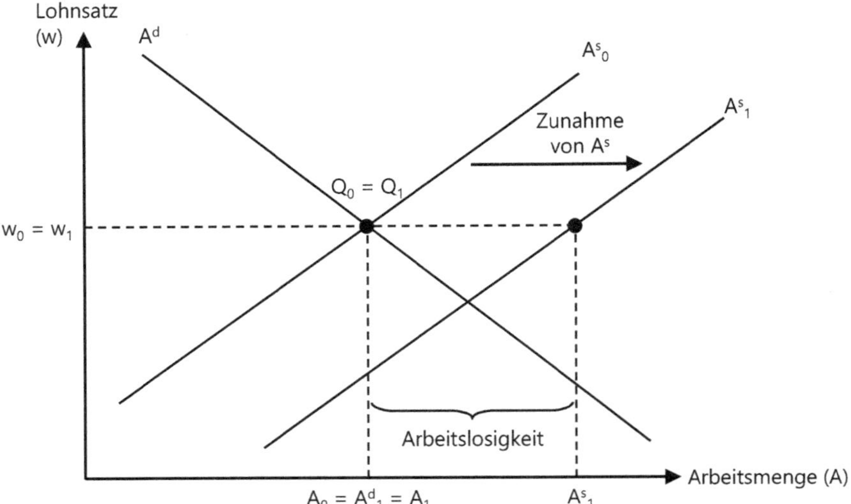

Abb. 3.19: Diese Abbildung zeigt, wie eine Erhöhung des Arbeitsangebots bei einem nach unten hin starren Lohnsatz zu einem Arbeitsmarktungleichgewicht mit Arbeitslosigkeit führt.

Wenn der Lohnsatz nach unten nicht flexibel ist – z. B., weil es tarifliche Löhne gibt, die nicht unterschritten werden, oder weil staatliche Transferleistungen eine Lohnuntergrenze darstellen –, bleibt der aus der Arbeitsangebotserhöhung resultierende Angebotsüberschuss dauerhaft bestehen. Damit kommt es zur Arbeitslosigkeit. Zum unveränderten Lohnsatz ($w_0 = w_1$) bieten die Haushalte nach der Erhöhung des Arbeitsangebots eine Arbeitsmenge an (A^s_1), die größer ist als die von den Unternehmen nachgefragte Arbeitsmenge (A^d_1).

Dies hat zur Folge, dass sich das neue Arbeitsmarktgleichgewicht durch einen unveränderten Gleichgewichtslohn ($w_0 = w_1$) und eine ebenfalls unveränderte gleichgewichtige Arbeitsmenge ($A_0 = A_1$) auszeichnet. Damit aber gibt es Haushalte, die zu diesem Lohnsatz bereit sind, ihre Arbeitskraft anzubieten, aber keinen Arbeitsplatz finden. Dies bedeutet **Arbeitslosigkeit**. Die Höhe der Arbeitslosigkeit ist die Differenz zwischen der zum Lohnsatz w_1 angebotenen Arbeitsmenge und der zu diesem Lohnsatz nachgefragten Arbeitsmenge, also ($A^s_1 - A^d_1$).

Eine dritte Modellerweiterung besteht aus der Flexibilisierung des gesamtwirtschaftlichen Preisniveaus. In den grundlegenden makroökonomischen Modellen wird ein flexibles Preisniveau an zwei Stellen eingefügt: auf dem Geldmarkt und auf dem Arbeitsmarkt.

Auf dem **Geldmarkt** werden die bisher getroffenen Annahmen dahingehend abgeändert, dass nun nicht mehr das nominale Geldangebot (M) betrachtet wird, sondern das reale Geldangebot. Dieses ergibt sich, indem die nominale Geldmenge durch das gesamtwirtschaftliche Preisniveau (P) dividiert wird. Das reale Geldangebot ist daher (M/P). Preisniveauänderungen bewirken dann eine Variation des realen Geldangebots. Dies lässt sich wie folgt erklären:

- Angenommen, die nominale Geldmenge beträgt 10.000 Euro. Das gesamtwirtschaftliche Preisniveau ist eins, d. h. eine BIP-Einheit kostet einen Euro. Die reale Geldmenge beträgt 10.000 Euro. Mit den 10.000 Euro kann der Kauf und Verkauf von 10.000 BIP-Einheiten finanziert werden.
- Wenn das gesamtwirtschaftliche Preisniveau auf zwei steigt, sinkt die reale Geldmenge auf 5.000 Euro. Weil eine BIP-Einheit nun doppelt so viel kostet wie ursprünglich, können mit einer nominalen Geldmenge von 10.000 Euro nur noch halb so viele BIP-Einheiten ge- und verkauft werden. Die Kaufkraft der 10.000 Euro hat sich halbiert.

Ein steigendes Preisniveau wirkt somit wie eine Verringerung der gesamtwirtschaftlich angebotenen Geldmenge, also wie eine **restriktive Geldpolitik**. Das bedeutet: Es kommt zu einem Zinsanstieg und dieser wirkt sich negativ auf die Investitionsgüternachfrage aus. Eine Verringerung der Investitionsgüternachfrage bewirkt einen Rückgang der gesamtwirtschaftlichen Güternachfrage. Die Unternehmen passen sich daran an, d. h. Produktion und Volkseinkommen gehen zurück. Im IS-LM-System bedeutet ein steigendes Preisniveau, dass die LM-Kurve nach links verschoben wird (→ Abb. 3.20). Die Folge ist ein neues simultanes Geld- und Gütermarktgleichgewicht mit einem höheren Zinssatz und einem geringeren Volkseinkommen.

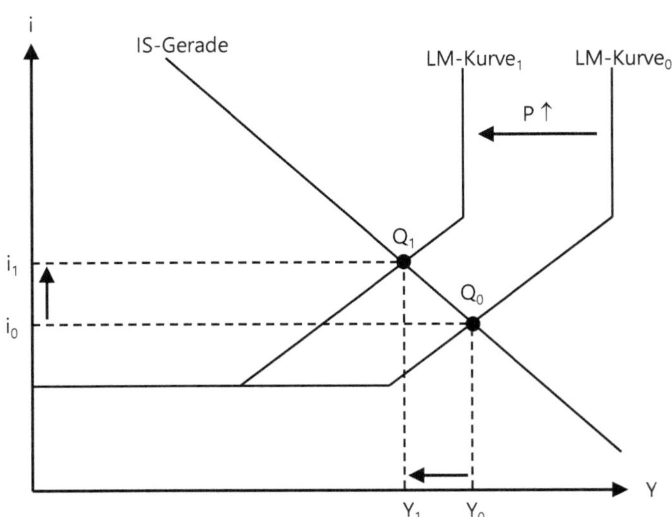

Abb. 3.20: Diese Abbildung zeigt, dass ein Anstieg des gesamtwirtschaftlichen Preisniveaus (P) wie eine Verringerung der Geldmenge wirkt und daher zu einem höheren Zinssatz (i) und einem geringeren Volkseinkommen (Y) führt.

Auf dem **Arbeitsmarkt** wird ein flexibles Preisniveau berücksichtigt, indem aus dem Nominallohn (w) ein Reallohn wird. Dieser ergibt sich, indem der Nominallohn durch das Preisniveau dividiert wird. Der **Reallohn** lautet also (w/P). Der Reallohn berücksichtigt den Umstand, dass die Entscheidung eines privaten Haushalts, eine Stunde Arbeit anzubieten oder stattdessen lieber eine Stunde Freizeit zu genießen, nicht nur vom nominalen Lohn abhängt, sondern auch von der mit ihm verbundenen Kaufkraft. Wenn also der Nominallohn um 3,5 % steigt, bedeutet das für sich genommen einen Anreiz für private Haushalte, ihre angebotene Arbeitsmenge zu erhöhen. Wenn jedoch gleichzeitig das gesamtwirtschaftliche Preisniveau um 5,5 % steigt, geht der Reallohn trotz einer Nominallohnerhöhung zurück. Die zweiprozentige Reallohnverringerung bedeutet, dass das Arbeitsangebot der privaten Haushalte zurückgeht. Auch die Arbeitsnachfrage der Unternehmen hängt vom Reallohn ab, wobei ein steigender Reallohn zu einer geringeren Arbeitsnachfrage führt.

Wenn sowohl das Arbeitsangebot als auch die Arbeitsnachfrage vom Reallohn abhängen, spielt erneut die Nominallohnflexibilität eine entscheidende Rolle dafür, ob Vollbeschäftigung herrscht oder ob es zu einer Arbeitslosigkeit kommt. Dazu ein abschließendes Beispiel:

- Ausgangspunkt ist ein Arbeitsmarkt, auf dem Vollbeschäftigung herrscht. Alle Arbeitsmarktakteure orientieren sich am Reallohn (w/P), d. h. auf dem Arbeitsmarkt wird der gleichgewichtige Reallohnsatz $(w/P)_0$ erreicht (→ Abb. 3.21).
- Nun sinkt das gesamtwirtschaftliche Preisniveau (P) um 2,5 %. Das bedeutet, dass der Reallohn größer wird.
- Wenn der Reallohn $(w/P)_1$ höher ist als der für ein Vollbeschäftigungsgleichgewicht erforderliche Reallohn $(w/P)_0$, ist die von den privaten Haushalten angebotene Arbeitsmenge ($A^s{}_1$) größer als die zu diesem Lohnsatz von den Unternehmen nachgefragte Arbeitsmenge ($A^d{}_1$). Es kommt somit zu einem Angebotsüberschuss, der sich in Form einer Arbeitslosigkeit ausdrückt.
- Falls der Nominallohn (w) vollkommen flexibel ist, bewirkt der Angebotsüberschuss auf dem Arbeitsmarkt einen Rückgang des nominalen Lohns. Diese Nominallohnverringerung baut über eine steigende Arbeitsnachfrage und ein sinkendes Arbeitsangebot den Angebotsüberschuss ab. Die Arbeitslosigkeit ist daher lediglich ein **temporäres** Phänomen.
- Sollte der nominale Lohnsatz jedoch nach unten hin starr sein, findet die für den Abbau des Angebotsüberschusses erforderliche Nominallohnsenkung nicht statt. Der Angebotsüberschuss bleibt folglich bestehen, sodass die Arbeitslosigkeit ein **dauerhaftes** Phänomen bleibt.

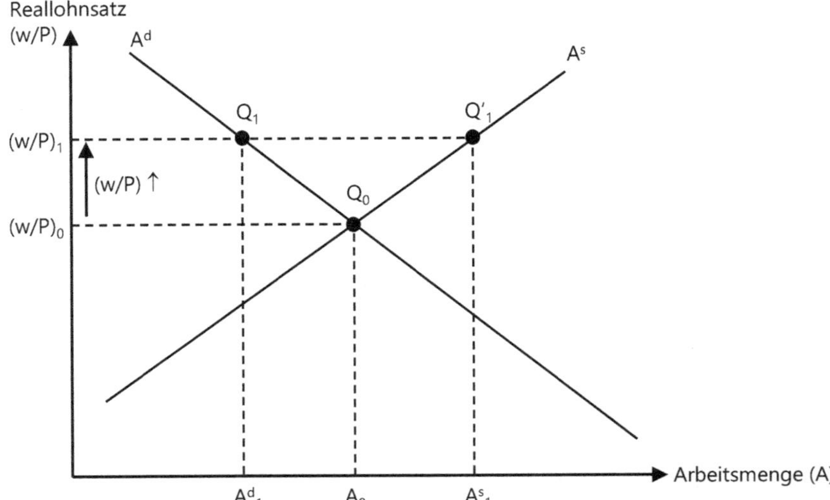

Abb. 3.21: Diese Abbildung zeigt, wie ein Anstieg des gesamtwirtschaftlichen Preisniveaus (P) bei einer vom Reallohn (w/P) abhängigen Arbeitsnachfrage und einem reallohnabhängigen Arbeitsangebot im Fall der Nominallohnflexibilität ein Vollbeschäftigungsgleichgewicht erreicht. Bei einem nach unten hin starren Nominallohn (w) kommt es hingegen zu einer dauerhaften Arbeitslosigkeit.

4 Ausblick

Wie bereits in der Einführung erwähnt, kann ein rund 100 Seiten umfassendes Buch lediglich einen ersten Einblick in die grundlegenden mikro- und makroökonomischen Zusammenhänge geben. Zur Vertiefung und vollständigen Durchdringung der Mikro- und Makroökonomie ist der Blick in entsprechende Lehrbücher unumgänglich.

Als erste Option bieten sich die beiden, in diesem Verlag erschienenen, Lehrbücher „Mikroökonomie: Schritt für Schritt" (Petersen 2021a) und „Makroökonomie: Schritt für Schritt" (Petersen 2022a) an. Sie liegen aktuell jeweils in der 4. Auflage vor und haben jeweils einen Umfang von rund 200 Seiten.

Für eine Vertiefung der mikroökonomischen Inhalte empfiehlt sich ein ‚Klassiker' der Mikroökonomie – das knapp 900 Seiten umfassende Werk „Grundzüge der Mikroökonomie" von Hal Varian (2016). Es deckt alle relevanten Bereiche der Mikroökonomie ab. Neben dem Verhalten nutzenmaximierender Haushalte und dem Agieren gewinnmaximierender Haushalte werden verschiedene Marktformen detailliert analysiert, Faktor- und Vermögensmärkte untersucht sowie Entscheidungen unter Sicherheit, Unsicherheit und Risiko diskutiert. Weitere Themen sind die Grundlagen der Spieltheorie, Grundlagen der Wohlfahrtstheorie (Konsumentenrente, Produzentenrente und Wohlfahrtsfunktionen) sowie eine ausführliche Diskussion von Formen des Marktversagens. Alle diese Inhalte werden auch mit den erforderlichen mathematischen Analysemethoden erklärt. Ein ähnliches Lehrbuch, das dem Werk von Varian sowohl inhaltlich als auch vom Umfang her ähnelt, ist das Buch „Mikroökonomie" von Pindyck und Rubinfeld (2018).

Für die Makroökonomie lohnt sich der Griff zum Lehrbuch „Grundzüge der makroökonomischen Theorie: Totalanalyse geschlossener und offener Volkswirtschaften" von Hans-Werner Wohltmann (2016). Weitere Standardlehrbücher sind die Werke von Oliver Blanchard und Gerhard Illing (2021) sowie von Gregory Mankiw (2017). Beide haben einen Umfang von rund 800 Seiten.

Schließlich gibt es noch das internationale Standardwerk zur Mikro- und Makroökonomie von Paul A. Samuelson und William D. Nordhaus, beide Wirtschaftsnobelpreisträger. In diesem mehr als 1000 Seiten umfassenden

Werk werden alle relevanten mikro- und makroökonomischen Inhalte verständlich erklärt.

Weitere deutschsprachige mikro- und makroökonomische Lehrbücher sind im Literaturverzeichnis aufgeführt.

Hilfreich ist schließlich noch der Blick in die Zeitschrift „Das Wirtschaftsstudium (WISU)". Dort werden immer wieder kompakt zentrale Begriffe der Mikro- und Makroökonomie erklärt. Einige aktuelle Beispiele des Autors sind ebenfalls im Literaturverzeichnis zu finden.

Glossar

Abwertung | Bei einer Abwertung verliert eine Währung an Wert. Der Preis, der für diese Währung auf dem Devisenmarkt gezahlt werden muss, sinkt.

Angebot | Das Angebot bezeichnet die Bereitschaft, eine bestimmte Gütermenge zu einem bestimmten Preis anzubieten, also zu produzieren und anschließend zu verkaufen.

Angebotsgerade | Die Angebotsgerade gibt in einem Preis-Mengen-Diagramm an, wie groß die angebotene Menge bei unterschiedlichen Marktpreisen ist. Sie kann für einzelne Anbieter bzw. Unternehmen oder für die Gesamtheit aller Anbieter bzw. Unternehmen erstellt werden.

Angebotsüberschuss | Ein Angebotsüberschuss liegt vor, wenn auf dem Markt ein Preis vorliegt, bei dem die von allen Unternehmen angebotene Gütermenge größer ist als die von allen Konsumenten nachgefragte Gütermenge.

Arbeitslosigkeit | Arbeitslosigkeit liegt vor, wenn die zum herrschenden Lohnsatz angebotene Arbeitsmenge der privaten Haushalte größer ist als die von den Unternehmen zu diesem Lohnsatz nachgefragte Arbeitsmenge. Auf dem Arbeitsmarkt liegt somit ein Angebotsüberschuss vor.

Aufwertung | Bei einer Aufwertung gewinnt eine Währung an Wert. Der Preis, der für diese Währung auf dem Devisenmarkt gezahlt werden muss, steigt.

Ausländer | In der Volkswirtschaftslehre sind Ausländer alle Privatpersonen, die ihren Wohnsitz nicht im Inland haben, und alle Unternehmen, die ihren Standort nicht im Inland haben. Die Nationalität spielt dabei keine Rolle.

Ausschlussmöglichkeit | Die Ausschlussmöglichkeit bedeutet, dass Personen von der Nutzung eines Gegenstands ausgeschlossen werden können.

Ausschlussmöglichkeit, fehlende | Eine fehlende Ausschlussmöglichkeit bedeutet, dass Personen nicht von der Nutzung eines Gegenstands ausgeschlossen werden können. Die Gründe dafür können technischer Natur sein (Sonnenlicht) oder ökonomischer Natur (der Ausschluss ist zwar technisch möglich, aber viel zu teuer und daher ökonomisch nicht sinnvoll).

Basiskonsum | Der Basiskonsum ist in makroökonomischen Modellen der Konsum, den die privaten Haushalte in jedem Fall benötigen, selbst wenn sie kein Einkommen beziehen. Er stellt eine Art Existenzminimum dar.

Bruttoinlandsprodukt | Das Bruttoinlandsprodukt (BIP) entspricht dem Wert aller Güter, die innerhalb eines Jahres in einem Land hergestellt werden.

Bruttonationaleinkommen | Das Bruttonationaleinkommen entspricht dem Wert aller Einkommen, die den Bewohnern eines Landes innerhalb eines Jahres zufließen. Das Bruttonationaleinkommen ergibt sich, wenn vom BIP die Einkommen abgezogen werden, die das Inland an Personen im Ausland zahlt, und die Einkommen, die die Bewohner des Inlands aus dem Ausland beziehen, hinzuaddiert werden.

Budgetrestriktion | Die Budgetrestriktion enthält alle Gütermengenkombinationen, die sich ein Haushalt mit seinem verfügbaren Einkommen bei den geltenden Marktpreisen leisten kann.

Crowding-out-Effekt | Ein Crowding-out-Effekt beschreibt eine Situation, in der eine wirtschaftspolitische Maßnahme, die die gesamtwirtschaftliche Güternachfrage steigern soll, Nebenwirkungen hat, die für sich genommen zu einer Reduzierung der gesamtwirtschaftlichen Güternachfrage führen.

Crowding-out, partielles | Wenn eine Staatsausgabenerhöhung (inklusive der damit verbundenen Multiplikatoreffekte) um 100 Euro zu einem Rückgang der Investitionsgüternachfrage um 60 Euro führt, liegt ein partielles Crowding-out vor. Die Staatsausgabenerhöhung hat letztendlich zu einem Anstieg von Produktion und Beschäftigung geführt.

Crowding-out, totales | Wenn eine Staatsausgabenerhöhung (inklusive der damit verbundenen Multiplikatoreffekte) um 100 Euro zu einem Rückgang der Investitionsgüternachfrage um 100 Euro führt, liegt ein totales Crowding-out vor. Die Staatsausgabenerhöhung hat letztendlich nicht zu einem Anstieg von Produktion und Beschäftigung geführt.

Devisen | Devisen sind ausländische Währungseinheiten, aus Sicht Deutschlands also US-Dollar, Yen, Schweizer Franken etc.

Devisenangebot | Ausländische Wirtschaftsakteure bieten Devisen an, wenn sie die heimische Währung benötigen. Letzteres ist der Fall, wenn die ausländischen Wirtschaftsakteure heimische Güter oder Vermögensgegenstände, also z. B. Aktien und Wertpapiere, kaufen möchten.

Devisennachfrage | Einheimische Wirtschaftsakteure fragen Devisen nach, wenn sie die ausländische Währung benötigen. Letzteres ist der Fall, wenn die einheimischen Wirtschaftsakteure ausländische Güter oder Vermögensgegenstände kaufen möchten.

Externer Effekt | Ein externer Effekt liegt vor, wenn die privaten Kosten einer ökonomischen Entscheidung nicht mit den gesamtgesellschaftlichen bzw. sozialen Kosten dieser Entscheidung übereinstimmen oder wenn der private Nutzen der Entscheidung nicht mit dem sozialen Nutzen übereinstimmt.

Externer Effekt, negativer | Ein negativer externer Effekt liegt vor, wenn die gesamtgesellschaftlichen Kosten einer wirtschaftlichen Aktivität größer sind als deren privaten Kosten. Der gesamtgesellschaftliche Nutzen stimmt mit dem privaten Nutzen überein.

Externer Effekt, positiver | Ein positiver externer Effekt liegt vor, wenn der gesamtgesellschaftliche Nutzen einer wirtschaftlichen Aktivität größer ist als dessen privater Nutzen. Die gesamtgesellschaftlichen Kosten stimmen mit den privaten Kosten überein.

Faktorpreis | Der Faktorpreis gibt an, wie viele Geldeinheiten für eine Einheit eines Produktionsfaktors bezahlt werden müssen. Die zentralen Faktorpreise sind der Lohn für den Produktionsfaktor Arbeit und der Zins für den Produktionsfaktor Kapital.

Fiskalpolitik, expansive | Eine expansive Fiskalpolitik liegt vor, wenn der Staat seine Ausgaben für Güter erhöht. Besonders hoch ist der Effekt für die gesamtwirtschaftliche Güternachfrage, wenn diese Staatsausgabenerhöhung über Kredite und nicht über Steuererhöhungen finanziert wird.

Fixpreismodell | In einem makroökonomischen Fixpreismodell ist das gesamtwirtschaftliche Preisniveau konstant.

Flexpreismodell | In einem makroökonomischen Flexpreismodell ist das gesamtwirtschaftliche Preisniveau variabel.

Fundamental psychologisches Gesetz | Das fundamental psychologische Gesetz besagt, dass private Haushalte eine Einkommenserhöhung nicht vollständig für Konsumzwecke ausgeben, sondern ein Teil dieses zusätzlichen Einkommens sparen.

Geld | Geld erfüllt in einer Marktwirtschaft drei zentrale Funktionen: eine Tauschmittelfunktion, eine Recheneinheitsfunktion und eine Wertaufbewahrungsfunktion. Jedes Objekt, das diese drei Funktionen erfüllt, ist im ökonomischen Sinne Geld.

Geldangebot | Das Geldangebot wird in makroökonomischen Modellen ausschließlich von der Zentralbank gesteuert und ist daher für die Volkswirtschaft eine gegebene und konstante Größe.

Geldmarktgleichgewicht | In makroökonomischen Modellen liegt ein Geldmarktgleichgewicht vor, wenn das Geldangebot mit der gesamtwirtschaftlichen Geldnachfrage aus Transaktionszwecken und aus Spekulationszwecken übereinstimmt.

Geldnachfrage | In makroökonomischen Modellen gibt es zwei Motive für eine Nachfrage nach Geld: die Geldnachfrage aus Transaktionsgründen und die Geldnachfrage aus Spekulationsgründen.

Geldpolitik, expansive | Eine expansive Geldpolitik liegt vor, wenn die Zentralbank die Geldmenge erhöht und somit den Zinssatz senkt, was sich im Normalfall positiv auf die Investitionsaktivitäten der Unternehmen auswirkt.

Grenzertrag | Der Grenzertrag eines Produktionsfaktors gibt an, wie sich der Gesamtoutput verändert, wenn die Einsatzmenge des Produktionsfaktors um eine infinitesimale Menge erhöht wird und die Mengen aller anderen Produktionsfaktoren konstant bleiben.

Grenzkosten | Die Grenzkosten der Produktion geben an, wie sich die Höhe der Gesamtkosten verändert, wenn die produzierte Menge des hergestellten Guts um eine infinitesimale Outputmenge erhöht wird.

Grenznutzen | Der Grenznutzen eines Konsumguts gibt an, wie sich der Gesamtnutzen verändert, wenn die Menge des Konsumguts um eine infinitesimale Menge erhöht wird und die Mengen aller anderen Konsumgüter konstant bleiben.

Güterpreis | Der Güterpreis gibt an, wie viele Geldeinheiten für ein Konsumgut bezahlt werden müssen.

Gut | Ein Gut ist ein Mittel zur Bedürfnisbefriedigung. Dabei kann es sich um physische bzw. materielle Güter handeln (das sind Waren) oder um nichtmaterielle Güter, also Dienstleistungen.

Gut, inferiores | Ein inferiores Gut ist ein Konsumgut, dessen Nachfrage zurückgeht, wenn das verfügbare Einkommen steigt.

Gut, komplementäres | Güter werden als komplementär bezeichnet, wenn sie sich ergänzen und daher gemeinsam konsumiert werden. Ein Beispiel sind Brot und Butter.

Gut, öffentliches | Ein öffentliches Gut liegt vor, wenn der Konsum dieses Produkts durch eine Person nicht zur Folge hat, dass andere Personen dieses Gut nicht mehr konsumieren können. Ein Beispiel dafür sind Radiosendungen.

Gut, privates | Ein privates Gut liegt vor, wenn der Konsum dieses Produkts durch eine Person zur Folge hat, dass andere Personen dieses Gut nicht mehr konsumieren können. Ein Beispiel dafür sind Nahrungsmittel.

Gut, substitutives | Güter werden als Substitute bezeichnet, wenn sie sich gegenseitig ersetzen können. Ein Beispiel sind Butter und Margarine.
Gut, superiores | Ein superiores Gut ist ein Konsumgut, dessen Nachfrage zunimmt, wenn das verfügbare Einkommen steigt.

Haushalt, privater | Private Haushalte bieten ihre Arbeitskraft an und erzielen damit ein Einkommen, das sie für den Kauf von Konsumgütern ausgeben. Private Haushalte sind daher in erster Linie Konsumenten bzw. Nachfrager von Gütern.
Höchstpreis | Ein Höchstpreis ist ein gesetzlich festgelegter Preis, der unter dem Gleichgewichtspreis liegt, der sich auf dem Markt ohne diesen Markteingriff ergeben würde. Ein Höchstpreis darf unterschritten, aber nicht überschritten werden.

I=S-Bedingung | In makroökonomischen Modellen ist der Gütermarkt im Gleichgewicht, wenn die gesamtwirtschaftlichen Investitionen (I) mit den gesamtwirtschaftlichen Ersparnissen (S) übereinstimmen. Dies wird als I=S-Bedingung bezeichnet.
Indifferenzkurve | Die Indifferenzkurve enthält alle Konsumgüterbündel, die einem Konsumenten den gleichen Nutzen stiften.
Inländer | In der Volkswirtschaftslehre sind Inländer alle Privatpersonen, die ihren Wohnsitz im Inland haben, und alle Unternehmen, die ihren Standort im Inland haben. Die Nationalität spielt dabei keine Rolle.
Investitionen | Investitionen erhöhen die Produktionskapazitäten der Unternehmen. Sie gehen mit der Nachfrage nach Investitionsgütern, also Maschinen, Werkzeugen, Gebäuden etc. einher.
Investitionsfalle | Wenn die Unternehmen mit ihrem Investitionsverhalten überhaupt nicht auf eine Zinssenkung reagieren, weil sie extrem pessimistisch sind und befürchten, dass die Konsumenten nicht bereit sind, eine größere Gütermenge nachzufragen, befindet sich die Volkswirtschaft in der Investitionsfalle.
Investitionsmultiplikator | Der Investitionsmultiplikator gibt an, um wie viele Geldeinheiten das gleichgewichtige Volkseinkommen steigt, wenn sich die Investitionsausgaben um eine Geldeinheit erhöhen.
IS-Gerade | Die IS-Gerade enthält alle Kombinationen von Volkseinkommen und Zinssatz, bei dem der makroökonomische Gütermarkt im Gleichgewicht ist.

Konkurrenz, vollständige | Vollständige Konkurrenz liegt vor, wenn es zahlreiche Anbieter und Nachfrager für ein bestimmtes Produkt gibt, vollständige Markttransparenz herrscht, der Marktzutritt und -austritt frei ist und der Preis vollkommen flexibel ist.

Konsumneigung, marginale | Der prozentuale Anteil des Volkseinkommens, der für Konsumzwecke verwendet wird, wird als marginale Konsumneigung bezeichnet. Wenn die Gesamtheit aller privaten Haushalte 80 % ihres Einkommens für Konsumzwecke ausgibt, liegt die marginale Konsumneigung bei 0,8.

Liquiditätsfalle | Die Liquiditätsfalle liegt vor, wenn die Zentralbank mit ihrer Geldmarktpolitik den gesamtwirtschaftlichen Zinssatz nicht mehr weiter senken kann.

LM-Kurve | Die LM-Kurve enthält alle Kombinationen von Volkseinkommen und Zinssatz, bei dem der makroökonomische Geldmarkt im Gleichgewicht ist.

Markt | Der Markt ist der Ort, an dem sich das Angebot und die Nachfrage eines Guts treffen.

Marktgleichgewicht | Ein Marktgleichgewicht liegt vor, wenn sich ein Marktpreis eingespielt hat, bei dem die von allen Konsumenten nachgefragte Gütermenge genauso groß ist wie die von allen Unternehmen zu diesem Preis angebotene Gütermenge.

Marktversagen | Ein Marktversagen liegt vor, wenn die Annahmen der vollständigen Konkurrenz nicht erfüllt sind. Beispiele sind externe Effekte, öffentliche Güter und Monopole.

Mengenanpasser | Wenn der Marktpreis für einen Marktakteur eine gegebene Größe ist, die er durch sein Verhalten nicht beeinflussen kann, agiert der Marktakteur als Mengenanpasser, d. h. er passt seine angebotene oder nachgefragte Gütermenge an diesen Preis an.

Mindestpreis | Ein Mindestpreis ist ein gesetzlich festgelegter Preis, der über dem Gleichgewichtspreis liegt, der sich auf dem Markt ohne diesen Markteingriff ergeben würde. Ein Mindestpreis darf überschritten, aber nicht unterschritten werden.

Minimalkostenkombination | Die Minimalkostenkombination ist die Kombination von Produktionsfaktoren (also Arbeit und Kapital), die angesichts der herrschenden Faktorpreise eine bestimmte Gütermenge zu den geringstmöglichen Kosten herstellen kann.

Monopol | Ein Monopol liegt vor, wenn es auf einem Markt für ein bestimmtes Gut nur einen Anbieter gibt.

Monopson | Ein Monopson liegt vor, wenn es auf einem Markt für ein bestimmtes Gut nur einen Nachfrager gibt.

Nachfrage | Die Nachfrage bezeichnet die Bereitschaft, eine bestimmte Gütermenge zu einem bestimmten Preis nachzufragen, also für den Besitz Geld zu bezahlen.

Nachfrage, anormale | Ein anormales Nachfrageverhalten liegt vor, wenn die nachgefragte Gütermenge bei einem steigenden Preis steigt.

Nachfrage, normale | Ein normales Nachfrageverhalten liegt vor, wenn die nachgefragte Gütermenge bei einem steigenden Preis zurückgeht.

Nachfragegerade | Die Nachfragegerade gibt in einem Preis-Mengen-Diagramm an, wie groß die nachgefragte Menge bei unterschiedlichen Marktpreisen ist. Sie kann für einzelne Konsumenten oder für die Gesamtheit aller Konsumenten erstellt werden.

Nachfrageüberhang | Ein Nachfrageüberhang liegt vor, wenn es auf dem Markt einen Preis gibt, bei dem die von allen Unternehmen angebotene Gütermenge kleiner ist als die von allen Konsumenten nachgefragte Gütermenge.

Nutzen | Der Nutzen ist ein Ausdruck für die Vorteilhaftigkeit bzw. die Erwünschtheit, die Konsumgüter stiften.

Nutzen, kardinaler | Ein kardinaler Nutzen liegt vor, wenn die Differenz zwischen den Werten, die eine Nutzenfunktion unterschiedlichen Güterbündeln zuordnet, eine ökonomische Bedeutung hat.

Nutzen, ordinaler | Ein ordinaler Nutzen liegt vor, wenn die Differenz zwischen den Werten, die eine Nutzenfunktion unterschiedlichen Güterbündeln zuordnet, keine ökonomische Bedeutung hat.

Nutzenfunktion | Die Nutzenfunktion ordnet jedem Güterbündel einen Nutzenwert, also eine Zahl, zu.

Oligopol | Ein Oligopol liegt vor, wenn es auf einem Markt für ein bestimmtes Gut nur wenige Anbieter gibt.

Präferenzen | Die Präferenzen einer Person beschreiben die Erwünschtheit verschiedener Konsumgüter bzw. Konsumgüterbündel.

Preisnehmer | Wenn der Marktpreis für einen Marktakteur eine gegebene Größe ist, die er durch sein Verhalten nicht beeinflussen kann, agiert der Marktakteur als Preisnehmer, d. h. er passt sein Verhalten an diesen Preis an.

Preisniveau | In makroökonomischen Modellen gibt es keine Preise für einzelne Güter, sondern nur noch ein gesamtwirtschaftliches Preisniveau.

Produktionsfaktor | Produktionsfaktoren stellen den Input von Produktionsprozessen dar. In volkswirtschaftlichen Analysen wird in der Regel mit zwei Produktionsfaktoren gearbeitet: Arbeit (also menschliche Arbeitskräfte) und Kapital (gemeint ist dabei Sachkapital, also Maschinen, Gebäude etc.).

Produktionsfunktion | Eine Produktionsfunktion ordnet allen Kombinationen von Produktionsfaktoren die damit maximal herstellbare Gütermenge zu.

Produktionsfunktion, limitationale | Bei einer limitationalen Produktionsfunktion kann der Mindereinsatz eines Produktionsfaktors nicht durch den Mehreinsatz eines anderen Produktionsfaktors kompensiert werden. Ein Mindereinsatz führt also zu einer Reduktion der produzierten Gütermenge.

Produktionsfunktion, substitutionale | Bei einer substitutionalen Produktionsfunktion kann der Mindereinsatz eines Produktionsfaktors durch den Mehreinsatz eines anderen Produktionsfaktors kompensiert werden, sodass die produzierte Gütermenge konstant bleibt.

Recheneinheitsfunktion des Geldes | Die Recheneinheitsfunktion besagt, dass Geld eine Recheneinheit ist, die eine einheitliche Bewertung aller Güter und Vermögensgegenstände ermöglicht.

Sparquote, marginale | Der prozentuale Anteil des Volkseinkommens, der für Ersparnisse verwendet wird, wird als marginale Sparquote bezeichnet. Wenn die Gesamtheit aller privaten Haushalte 20 % ihres Einkommens spart, liegt die marginale Sparquote bei 0,2.

Spekulationskasse | Wenn die Kurse für festverzinste Wertpapiere sehr hoch sind und Sparer deshalb in der Zukunft Kursverluste befürchten, lohnt sich der Kauf von Wertpapieren nicht. Sie halten daher Geld in Form der Spekulationskasse.

Staatsausgabenmultiplikator | Der Staatsausgabenmultiplikator gibt an, um wie viele Geldeinheiten das gleichgewichtige Volkseinkommen steigt, wenn der Staat seine Ausgaben für Güter um eine Geldeinheit erhöht.

Unternehmen | Unternehmen fragen Produktionsfaktoren nach und stellen mit ihnen Güter her, die sie anschließend auf dem Markt verkaufen. Unternehmen sind daher in erster Linie Produzenten bzw. Anbieter von Gütern.

Tauschmittelfunktion des Geldes | Die Tauschmittelfunktion des Geldes beschreibt den Umstand, dass Geld ein allgemein akzeptiertes Tauschmittel ist, das den Austausch von Gütern und Vermögensgegenständen erheblich erleichtert.

Transaktionskasse | Die Geldmenge, die für den Kauf von Gütern gehalten wird, heißt Transaktionskasse. Ihre Höhe ist proportional zum Inlandsprodukt.

Verzinsung, effektive | Die effektive Verzinsung der am Markt gehandelten Wertpapiere ergibt sich daraus, dass die unveränderlichen festen Zinszahlungen in Relation zum sich ändernden Wertpapierkurs gesetzt werden.

Volkseinkommen | Das Volkseinkommen entspricht dem verfügbaren Einkommen, das den Bewohnern eines Landes innerhalb eines Jahres zufließt. In makroökonomischen Analysen stimmt das Volkseinkommen sowohl mit dem Bruttoinlandsprodukt als auch mit dem Bruttonationaleinkommen überein.

Volkswirtschaft, geschlossene | Eine geschlossene Volkswirtschaft ist ein Land, das keine außenwirtschaftlichen Beziehungen hat.

Volkswirtschaft, offene | Eine offene Volkswirtschaft ist ein Land, das mit dem Rest der Welt wirtschaftliche Beziehungen hat, also z. B. Güter aus dem Ausland kauft (Importe) und an das Ausland verkauft (Exporte).

Vollbeschäftigung | Von Vollbeschäftigung wird gesprochen, wenn auf dem Arbeitsmarkt ein Lohnsatz vorliegt, bei dem die von den privaten Haushalten angebotene Arbeitsmenge genauso groß ist wie die Arbeitsmenge, die zu diesem Lohnsatz von den Unternehmen nachgefragt wird.

Wechselkurs | Der Wechselkurs ist der Preis für eine Devise – also für eine Einheit der ausländischen Währung. Er gibt an, wie viele Euro z. B. für einen US-Dollar bezahlt werden müssen.

Wertaufbewahrungsfunktion des Geldes | Die Wertaufbewahrungsfunktion des Geldes erlaubt es, zwischen dem Einkommenserwerb und der Verausgabung dieses Einkommens einen gewissen Zeitraum verstreichen zu lassen und so ein Geldvermögen aufzubauen.

Wohlfahrt | Die Wohlfahrt ist ein Konstrukt, das die Vorteilhaftig misst, die sich für eine Gesellschaft als Ganzes ergibt, wenn sie eine bestimmte Gütermenge produziert und anschließend konsumiert.

Wohlfahrtsmaximum | Das Wohlfahrtsmaximum ist die größtmögliche Wohlfahrt, die eine Gesellschaft erreichen kann, wenn die Grenzkosten und der Grenznutzen für ein bestimmtes Konsumgut gegebene Größen sind. Im Fall der vollständigen Konkurrenz erreicht das Markgleichgewicht automatisch das Wohlfahrtsmaximum.

Zahlungsbereitschaft, maximale | Die maximale Zahlungsbereitschaft gibt an, wie viel Geld eine Person maximal bereit ist, für eine bestimmte Gütereinheit zu bezahlen. Solange diese Zahlungsbereitschaft größer ist als der herrschende Marktpreis, lohnt sich aus Sicht der Person der Kauf dieser Gütereinheit.

Zinssatz | Der Zinssatz hängt in makroökonomischen Modellen mit der Höhe des Wertpapierkurses und damit mit der effektiven Verzinsung zusammen. Bei einem hohen Wertpapierkurs ist die effektive Verzinsung gering und damit auch der Zinssatz. Zu einer Zinssenkung kommt es, wenn der Wertpapierkurs steigt.

Zinssatz, maximaler | Der maximale Zinssatz einer Volkswirtschaft ist erreicht, wenn der Wertpapierkurs sehr niedrig ist und alle Menschen Wertpapiere halten. Ein weiterer Rückgang des Wertpapierkurses findet nicht statt, weil niemand seine Papiere verkauft. Die Volkswirtschaft hat den geringsten Wertpapierkurs erreicht und damit auch den höchsten Zinssatz.

Zinsuntergrenze | Die Zinsuntergrenze einer Volkswirtschaft ist erreicht, wenn der Wertpapierkurs sehr hoch ist und alle Menschen Spekulationskasse halten. Ein weiterer Anstieg des Wertpapierkurses findet nicht statt, weil niemand Wertpapiere kauft. Die Volkswirtschaft hat den höchsten Wertpapierkurs erreicht und damit auch den niedrigsten Zinssatz.

Literaturverzeichnis

BLANCHARD, Olivier, ILLING, Gerhard (2021): *Makroökonomie, 8. Aufl.* München.

BREYER, Friedrich (2020): *Mikroökonomie: Eine Einführung, 7. Aufl.* Berlin.

FRAMBACH, Hans (2019): *Basiswissen Mikroökonomie, 5. Aufl.* München.

MANKIW, Gregory (2017): *Makroökonomik, 7. Aufl.* Stuttgart.

PETERSEN, Thieß (2023a): „Nutzenfunktion". In: *Das Wirtschaftsstudium (WISU).* 52. Jg., S. 830 – 834.

PETERSEN, Thieß (2023b): „Transformationskurve". In: *Das Wirtschaftsstudium (WISU).* 52. Jg., S. 140 – 145.

PETERSEN, Thieß (2023c): „Restriktive Geldpolitik". In: *Das Wirtschaftsstudium (WISU).* 52. Jg., S. 48 – 54.

PETERSEN, Thieß (2022a): *Makroökonomie: Schritt für Schritt, 4. Aufl.* München.

PETERSEN, Thieß (2022b): „Die Z-Gerade". In: *Das Wirtschaftsstudium (WISU).* 51. Jg., S. 891 – 894.

PETERSEN, Thieß (2021a): *Mikroökonomie: Schritt für Schritt, 4. Aufl.* München.

PETERSEN, Thieß (2021b): „LM-Kurve". In: *Das Wirtschaftsstudium (WISU).* 50. Jg., S. 646 – 650.

PETERSEN, Thieß (2021c): „Die IS-Gerade". In: *Das Wirtschaftsstudium (WISU).* 50. Jg., S. 534 – 536.

PINDYCK, Robert S., RUBINFELD, Daniel L. (2018): *Mikroökonomie, 9. Aufl.* Hallbergmoos.

SAMUELSON, Paul A., NORDHAUS, William D. (2016): *Volkswirtschaftslehre: Das internationale Standardwerk der Makro- und Mikroökonomie, 5. Aufl.* München.

VARIAN, Hal R. (2016): *Grundzüge der Mikroökonomie, 9. Aufl.* Berlin/Boston.

WOHLTMANN, Hans-Werner (2016): *Grundzüge der makroökonomischen Theorie: Totalanalyse geschlossener und offener Volkswirtschaften, 7. Aufl.* Berlin/Boston.

Register

Abbildungsverzeichnis